新时代
优秀员工
成长书系

做公司
最好的员工

沐新◎著

中华工商联合出版社

图书在版编目（CIP）数据

做公司最好的员工 / 沐新著. — 北京：中华工商
联合出版社, 2016.10
　ISBN 978-7-5158-1795-8

　Ⅰ.①做… Ⅱ.①沐… Ⅲ.①企业—职工—职业道德
—通俗读物 Ⅳ.①F272.92-49

　中国版本图书馆CIP数据核字(2016)第238181号

做公司最好的员工

作　　者：沐　新
责任编辑：付德华　俞　芬
封面设计：任燕飞装帧设计工作室
责任审读：于建廷
责任印制：迈致红
出版发行：中华工商联合出版社有限责任公司
印　　刷：三河市燕春印务有限公司
版　　次：2016年11月第1版
印　　次：2024年5月第2次印刷
开　　本：787mm×1092mm　1/16
字　　数：146千字
印　　张：13
书　　号：ISBN 978-7-5158-1795-8
定　　价：65.00元

服务热线：010-58301130
销售热线：010-58302813
地址邮编：北京市西城区西环广场A座
　　　　　19-20层，100044
Http：//www.chgslcbs.cn
E-mail：cicap1202@sina.com（营销中心）
E-mail：gslzbs@sina.com（总编室）

Contents 目 录

第一章
做最负责任的员工

选择了一份工作，我们就应该对自己选择的工作负责。只有努力地完成自己的工作，我们才能在工作中不断地发现自己的缺点，不断地提高自己的能力。做最负责任的员工，就是对我们自己的人生负责。

对工作负责，就是对自己的人生负责

"春蚕到死丝方尽，蜡炬成灰泪始干。"是一种奉献精神，"落红不是无情物，化作春泥更护花。"是一种奉献精神，鲁迅先生的"俯首甘为孺子牛"也是一种奉献精神。

奉献是崇高的境界，是美好人生的追求，也是成就事业的前提。奉献是责任心的转化和体现，是最平常、最朴实的东西。对家庭的热爱，对事业的执着，都是责任心的体现。

只要你承担起了这些责任，就意味着你必须要为之奉献体力、心力、财力，乃至于生命。工作中，我们要爱岗敬业，为企业奉献自己的力量，同时也实现自己的人生价值。我们一定要培养强烈的事业心和责任感，为企业奉献自己的力量。具有强烈的事业心和责任感，才有可能热爱自己的工作，为之奉献自己的青春和智慧。

大学毕业后，李沁沁应聘到一家大型企业做设计。设计部与业务部在同一个办公区域内办公。那天一大早，业务总监召开全体业务员大会，办公室内只剩下李沁沁一个人。这时候，业务经理办公桌上的电话响了，李沁沁忙于自己的工作，没当回事。过了一会儿，电话再次响起，李沁沁猜测应该有是急事吧，万一找不到人，耽误了大事怎么办呢？可是这个想法仅仅在她脑海里转了转，李沁沁又想：嗨，反正是业务那边的电话，又不属于我的工作范围，多一事不如少一事。所以，李沁沁最终还是没接，任凭电话响个不停。

半个月后，李沁沁被"请"出了单位，辞退的理由是：一个连电话都不负责接的员工，是不会为单位办什么事的，更别谈让她奉献了。李沁沁也许永远都不会知道，就因为她的不负责任，公司丢掉了一笔500万的大生意！

社会学家戴维斯说："自己放弃了对社会的责任，就意味着放弃了自身在这个社会中更好生存的机会。"一个员工若是放弃了对公司的责任，就意味着他会觉得公司里的很多事情都和他无关，他自然不会主动去工作。"油瓶倒了都不会扶一把"，类似这样的场景我们在办公室不是没见过。对于这样的员工，公司是不会手下留情的。每个老板都很清楚自己最需要什么样的员工，哪怕你是一名做着最不起眼工作的普通员工，只要你担当起了你的责任，你就是老板最需要的员工，你就会得到重用。反之，老板连"混口饭吃"的机会都不会给你。很多公司都在裁员，争取公司利益最大化和效益最大化，他们裁掉的通常是那些不负责任、不善解决问题的人，老板们不称之为"裁员"，而称之为"清理垃圾"。

传说，有一位公主患了重病，生命危在旦夕。国王公告天下，谁能治好公主之病，就把公主嫁给他。在一个偏远的小山村住着兄弟三人，老大用他的千里眼看到了这个公告，老二有日行千里的飞毯，老三有包治百病的苹果，三人坐飞毯来到皇宫，治好了公主的病。论功行赏时，国王犯难了，兄弟三人都有功，公主该嫁给谁？经过反复讨论，最后国王把老三招为驸马。国王说，老大的千里眼、老二的飞毯用过一次后，东西还在，而老三仅有的一个苹果被公主吃掉后，就不复存在了。奉献越多，收获越大。苹果只有一个，老三的奉献最大，因此，国王将公主嫁给了他。

作为一个员工，必须懂得付出，每天多付出一点儿，天长日久地坚持下去，你就会很了不起。每天多付出一点儿看似容易，实际做起来并不容易。遗憾的是，我们有些员工，不是积极奉献，而是甘居中游，自我感觉良好，比上不足，比下有余。他们很少去想"我今天再做好一点儿，情况会怎么样"。实际上，从"差不多，过得去"到真正成为一个好员工的距离没有那么遥远，只要你每天多付出一点儿，你会因此而得到更多，你的人生会因此而得到改变。

一家公司录用了一批刚毕业的大学生，他们都被安排在销售一线。销售员是按比例提成的，这一批毕业生都使出了各自的拿手本领，最后领到的奖金也都差不多。李如君的业绩与其他同事相比并不是最突出的，但李如君两次主动把自己开拓出来的市场让给两位同事，使两对长期分居的夫妻得以团聚，也使公司的销售员队伍得以稳定。因此，当销售部经理升职后，李如君自然被推选为新的销售部经理。由于几年间跑了三个片的市场，熟悉不同片区的市场特点，李如君上任后，在组织协调各片区市场方面比上一任经理更娴熟，也更能协调各位销售员的关系，在李如君的领导下，销售部团队作战能力大大增强。如今，李如君因业绩突出，坐上了公司副总的位置。

"人的生命是有限的，可是，为人民服务是无限的，我要把有限的生命，投入到无限的为人民服务之中去。"这句朴实的话已经成为雷锋奉献精神最好的诠释。奉献者收获的是一种幸福，是他人的尊敬与爱戴。因为奉献，你将会获得最大的满足感、最自由快乐的心境。修炼无私的奉献精神吧，它是幸福的源泉！

要做"最好的员工"，就得对工作"真心实意"

工作本身没有贵贱之分，但是对于工作的态度却有高低之别。看一个人是否能做好事情，只要看他对待工作的态度便知。也许这份工作并不称心如意，但是既然我们选择了这份工作，我们就应该全力以赴，全身心地去做好它。所以说，一旦选择了这份工作，我们就应该坚持下去，努力去做好工作。

要成为最好的员工，就要爱岗敬业，热爱自己的企业，把工作当成自己的事业，其具体表现为忠于职守、尽职尽责、一丝不苟、全心全意地完成工作。爱岗敬业是一名卓越员工应有的最基本的素质，也是成就事业的重要条件。

有一位心理学家曾经做过这样一个实验，他把 18 名学生分成甲乙两个小组，每组9人，让甲组的学生从事他们感兴趣的工作，让乙组的学生从事他们不感兴趣的工作。没过多长时间，乙组同学开始抱怨头痛、背痛，而甲组学生正干得起劲儿呢！

这个实验证明，人们的疲倦往往不是工作本身造成的，而是因为对自己从事的工作产生了乏味、焦虑和气馁的感觉，这种感觉使人失去了干劲儿。

要是你不喜欢你的工作，那么，你在工作的时候就没有饱满的激情，你的敬业精神也就无从谈起。

周末你到河边去钓鱼，在河边坐了好几个小时，但是你一点儿都不觉得累。为什么？因为钓鱼是你的兴趣所在，钓鱼时你享受到了快乐。你只有像喜欢钓鱼一样喜爱你的工作，你才能做好你的工作。

一个人无论从事何种职业，都应该竭尽全力，这不仅是工作原则，也是人生原则。一旦领悟了全力以赴地工作能消除工作疲劳这一秘诀，那你就掌握了打开成功之门的钥匙了。能处处以竭尽全力、积极进取的态度工作，就算是从事最平庸的职业，你也能从中获得快乐。

老木匠辛苦了一生，建造了许许多多的房子。这一年，他觉得自己老了，便向老板告别，想要回家乡去安享晚年。老板十分舍不得他离去，因为他盖房子的手艺是最好的，再也没有第二个人能够跟他相比。但是他的去意已决，老板挽留不住，就请他再盖最后一座房子。老木匠答应了。最好的木料都被拿出来了，老木匠也马上开始了工作，但是人们都可以看出，老木匠归心似箭，注意力完全没有办法集中到工作上来。梁是歪的，木料表面的漆也不如以前刷得光亮。

房子终于如期建造完成，老板把钥匙交到了老木匠的手上，告诉他这是送给他的礼物，以报答他多年来辛苦地工作。老木匠愣住了，他怎么也没有想到，自己一生建造了无数精美又结实的房子，最后却让自己获得了一件粗制滥造的礼物。如果他知道这房子是为自己而建的，他无论如何也不会这样心不在焉。

老木匠辛苦一生，却在最后因为工作没有全力以赴，而收获了一件粗制滥造的礼物，实在是令人惋惜。许多年轻人，每天带着一脸的茫然去工作，茫然地完成老板的任务，茫然地领回工资。他们认为自己所做的，不过是为别人打工而已。这样被动地应付工作，自然不可能投入全部的热情和智慧。这样的人，是不会有大作为的。

许多年轻人从一踏入社会就缺乏责任心，一定要在别人的督促下才能工作，这就是缺乏使命感的典型体现了。在相同条件下，有明确而且强烈的个人使命的人，与没有目标、被动懈怠的人，工作的结果是完全不同的。我们要做的就是，发现自己喜欢做的事，并且全力以赴，保持一种积极的心态，不计较个人得失，勤奋努力，这样你最终才会出人头地。

做好本职工作的"责任人"

最优秀的员工都敢于承担责任，一旦我们把自己当成工作的主人，那么，不需要别人催促，也不需要别人提醒，我们就能自觉对工作的方方面面负责。以"不缺位"去做好本职工作，以"做到位"保证最好的工作质量，以"不越位"来遵守纪律，以"能补位"将主人翁精神发挥到极致。这四点缺一不可又互相补充，形成了一个系统而又有效的"负责体系"。

特别能负责，首先从不缺位开始。所谓缺位，简单说，就是在这个岗位上该你做的，你却没有尽职尽责。每个人都应该脚踏实地地做好本职工作。

一位农夫养了一只驴和一条狗。驴每天日出而作、日落而息，工作非常卖力；而那条狗整天无所事事，唯一的工作好像就是当主人回家时，摇头摆尾地跟前跟后。想到这些，驴不禁自怨自艾起来。

伤心的驴满腹委屈，只好向狗请教取悦主人的办法。狗说："这很简单啊，你只要学我在白天时好好养足精神，待主人回家休息时，谄媚一点，主人就会对你另眼相看了！"

驴恍然大悟，翌日白天，驴便呼呼大睡，好不容易等到日落西山，主人从外面归来，驴终于鼓起勇气，学狗一般朝主人扑了过去。

主人见状，大吃一惊，心想："这头懒驴，今天八成是疯了，白天不干活也就罢了，竟敢趁着天黑袭击我！"于是，主人取出猎枪瞄准驴，扣下了扳机。可怜的傻驴就这么死了。

驴错就错在缺位了，它缺乏这种起码的敬业精神。一个人只有爱上了自己的职业和岗位，他的身心才会融入职业工作中，才能在自己的岗位上做出不平凡的事业。爱岗更是一种精神，即使是不喜欢干某件事，但敬业的人仍然能够负责任地把自己的工作做好。

负责精神，永远是最优秀的品质之一。一位政治家曾经说过：当不了一个国家的负责人，就要学当一个单位的负责人；当不了单位的负责人，就要学当一个部门的负责人；当不了部门的负责人，就要学当一个小组的负责人；当不了小组的负责人，就要学当自己的负责人。所以，任何时候，都应该学当负责人。而当负责人，首先就是从当自己的负责人、从对本职工作负责做起。

1. 有明显的岗位要求，绝对"尽本分"。

任何岗位都有其岗位要求。对普通员工有岗位要求，对领导层同样有岗位要求，哪怕是企业的老板，也毫不例外地有岗位的要求。而当好本职工作的"负责人"，首先从对岗位要求"尽本分"开始，也就是岗位怎么要求，我就怎么去做。

徐雷鸣中学毕业后便离开家乡到城市打工，在老乡的介绍下，徐雷鸣在一家公司担任保安工作。一天，公司的一位领导和外面的人发生了冲突，结果，十多个人拿着铁棒、匕首冲到公司门口。看到这样的架势，公司的员工全都吓跑了，只有徐雷鸣留了下来。尽管当时徐雷鸣心里也很害怕，但徐雷鸣还是抄起一把铁棍，挡在了门口，并大吼了一声："谁都不能进来！"那群闹事的人都被镇住了，不敢轻易往里冲。双方僵持了几分钟，后来有人喊"警察来了"，那伙人才一哄而散。徐雷鸣的这种负责精神让公司老总很感动，于是，他被任命公司的安全负责人。

在当时的情况下，谁都会害怕，搞不好会有生命危险。但徐雷鸣的想法是，保安就是要保护公司人员的人身和财产安全，既然选择了这份工作，就有可能遇到危险，就需要自己在关键时刻站出来，否则，要保安做什么？正因为他明白了自己的岗位职责是什么，那么，他自然就能按职责的要求去做。而我们很多人之所以在工作中缺位，该做的没有去做，就是因为我们从来都没有认真想过我们的岗位职责到底是什么！

那怎么分清哪些是自己的岗位职责呢？最简单的方法就是：逐条罗列；一一细化；请领导修正和补充。因为你的角色认知往往和领导对你的要求存在差异。因此，请领导修正和补充后，你就能明白自己的岗位职责。这样一来，该做什么，你就非常清楚。

2. 没明显的岗位要求，自定标准做得更好。

不缺位还有很重要的一点：有时候尽管岗位职责没有明确要求你该

如何做，但你依然能够按照最高标准要求自己。在工作中，我们也经常遇到这样的情况：尽管单位对你的这个岗位在某些方面并没有明文要求你如何做，但是，假如你不去做好就会失职，就会给公司带来不必要的损失时，你就应该自行制定高标准的岗位职责，并自发去执行。有要求就去做，这是对负责的基本要求；而没有要求，却能给自己定更高的标准去做，更是优秀员工负责精神的体现。

责任胜于能力

如果说智慧和勤奋像金子一样珍贵的话，那么，还有一种东西则更为珍贵，那就是勇于负责的精神。

爱默生说："责任具有至高无上的价值，它是一种伟大的品格，在所有价值中它处于最高的位置。"科尔顿说："人生中只有一种追求，一种至高无上的追求——就是对责任的追求。"当一个人怀着虔诚去对待生活和工作时，他是能够感受到责任所带来的力量的。

对自己的行为百分之百负责的员工，他们更愿意认真地对待自己的工作，他们更值得别人信赖，他们也因此能获得更多的尊敬。

优秀的员工都具有高度的责任感。在工作中，他们知道自己的职责是什么，知道自己每天的工作是什么，知道自己一小时甚至是每一分钟该完成什么。

只有那些勇于承担责任的人，才有可能被赋予更多的使命，才有资格获得更大的荣誉。一个员工能力再强，如果他不愿意付出，他就不能为企业创造价值；而一个愿意为企业全身心付出的员工，即使能力稍逊一筹，也能够创造出最大的价值来。

覃弯弯大专毕业后，前往某市求职。经过一番努力，覃弯弯和另外两个女孩被一家公司初步录用。试用期为一个月，试用合格，将被聘用。在这一个月之内，覃弯弯和那两个女孩都很努力，到了第二十九天时，公司根据她们三人的业务能力，一项项给她们打分。结果，覃弯弯虽然也很出色，但仍然比另两位女孩低两分。公司经理通知覃弯弯："明天你最后一天上班，后天即可以结账走人。"

最后一天上班时，两位留用的女孩和其他的人都关心地劝覃弯弯说："反正公司明天会发给你一个月的试用期工资，今天你就不必上班了。"覃弯弯笑着说道："昨天的事情还有点没做完，我干完那点活，再走也不迟。"

到了下午三点，最后的工作做完了，又有人劝她提前下班，可覃弯弯笑笑，不慌不忙地把自己的桌椅擦拭得干干净净，最后和同事一同下班。覃弯弯觉得自己站好了最后一班岗，其他员工见她如此认真，都非常感动。

结账那天，就在覃弯弯要走出办公室的时候，经理叫住她说："从明天起，你到质量检验科去上班。"覃弯弯一听，惊住了，经理说："昨天下午我暗中观察了你很久，虽然是最后一天上班，但你仍然那么认真负责地工作。负责任的员工才是我们公司最需要的员工，我相信你到那里一定会干得很出色。"覃弯弯以她强烈的责任感征服了同事和领导，当然，可以预见，覃弯弯也会成为这家公司一流的员工，受到公司的重用，会有令人羡慕的职业发展前景。

有责任感的人，对自己的工作会表现出积极、认真、严谨的态度，而工作态度决定着开展工作的方式方法，决定着投入工作的精力大小，决定着工作效果的好坏。

如果在其位而不谋其政，这就是失职。人只有具备责任感，才能具有驱动自己一生都勇往直前的不竭动力，才能感到许许多多有意义的事需要自己去做，才能感受到自我存在的价值和意义，才能真正得到人们的信赖和尊重。

有了责任感，作为工人，就能够对产品精益求精；作为农民，就能够辛勤耕耘，收获颇丰；作为士兵，就能够驰骋疆场，屡建战功；作为学生，就能够主动学习，天天向上；作为知识分子，就能够创新科技，勇攀高峰。

光"做了"不行，关键要把工作做到位

"负责"体现在做事的过程中，就是把事情做好、做到位、做出最佳效果和最高质量。做事的标准只有一个——"做好了，才叫做了"！不能将工作只停留在"做了"的层面。所谓"做了"，往往就是只"走过场"，而不去关注和重视做事的质量。

很多人在干工作时，只是满足于"做"，却不重视结果。所以表面看起来，他们整天在付出、在努力、在忙，但是这种忙，却是穷忙、瞎忙，而穷忙的结果还是穷。

执行，绝对不能满足于"做了"这一点上。满足于"做了"，不仅会浪费资源，更可怕的是一种自欺欺人：既有可能将自己麻痹，也有可能使单位疏忽乃至麻痹，于是，该有的效率出不来，没有想到的陷阱和危机却不期而至。

有个奇妙的"30天荷花定律"：荷花第一天只开放一小部分，到了第二天，它们就会以前一天速度的两倍开放。到了第30天，荷花就开满了整个池塘。很多人认为，到第15天时，荷花会开一半。然而，事实并非如此！到第29天时，荷花仅仅开了一半，最后一天，荷花才会开满整个池塘。最后一天荷花开放的速度最快，几乎等于前29天的总和。差一天，就会与成功失之交臂。越到最后，事情越关键、越重要。所以，执行一定不能忽略最后的一步，最后的一步往往才是关键。

执行要到位，必须要关注最后的步骤，一定要牢记这奇妙的"30天荷花定律"。职场中，最受欢迎的人，毫无疑问是执行最到位的人。行百里者半九十，执行的关键往往在最后的10%。最后十里不走，目标就不能达到，任务就不算完成。最后的10%如果执行不到位，前面就是白执行，甚至比不执行更糟糕。"执行，对于当前的企业来说，是最重要的事情。"执行的关键就在于到位。

柏宁是一家商报的记者，报社最缺乏的就是广告业务。一次，柏宁听同学说一个大学同学要到这个城市开发区投资，并计划在当地媒体投放价值百万元的广告。柏宁听到这个消息后大喜，认为这是上天给了自己一个在报社出人头地的机会，于是，柏宁积极地向那位大学同学争取到了这个业务。

开发区举行奠基仪式的那天，柏宁带上了社里最优秀的记者和广告部成员前往现场，计划用大幅版面进行宣传。奠基仪式结束后，有位老朋友邀请柏宁去吃饭。盛情难却，于是，柏宁向记者和相关广告人员交代好工作就去了。

那天，柏宁玩到很晚才回家。第二天早上，柏宁拿到报纸后，一下子傻眼了，原来，头版头条的新闻标题写成了"某某开发区昨日奠墓"。对一向重视有个好彩头的企业来说，把"奠基"写成"奠墓"，无异于当头棒喝，更何况这是开发区项目正式启动的第一天！

老同学一怒之下，取消了百万元的广告订单，报社的声誉也因此受到很大的影响，一些准备在这家报纸上投放广告的客户，也因此取消了自己的投放计划。

从表面上看，柏宁的前期工作做得很不错：和客户沟通得很好，报社对此也十分重视，派出的是最优秀的记者，而且从副总编到记者到广告人员，都做了安排和交代。但是，在执行的过程中，由于最后一个小环节没有落实到位，不仅"煮熟的鸭子飞了"，而且还给单位的形象和声誉造成了不好的影响。

对执行的人来说，最后的10%往往是最重要的，但也恰恰是最容易被忽视的。我们常说：一字千金。在这个案例中，一个字就值百万元！由此可见，执行不到位，不如不执行!这个故事，充分证明了古人的一句名言：行百里者半九十——最后的步骤不到位，前面的执行就是白执行，甚至会带来比不执行还要恶劣的后果。

很多人做事情，只是满足于"做"，却不重视结果，不追求"好"。所以表面上看起来很努力，却收不到什么效果。

从前，有一位经营地毯的阿拉伯商人，他对自己地毯店的外观陈设十分上心。他每天总要在店内四处巡视，看看有没有什么不合适的地方，如果有的话，赶紧纠正。

一天，他照例巡视店面，意外地看见自己布置的地毯中央鼓起一块，就上前用脚将它弄平；可过了一会儿，别处又隆起一块，他再次去弄平。然而，似乎有什么东西在专门和他作对，隆起接连在不同的地方出现，他不停地去弄，可总有的地方隆起。一气之下，阿拉伯商人干脆拉开地毯的一角，一条蛇立刻溜了出去。

蛇不出去，你没法弄平地毯！当出现问题时，我们要找出问题存在的根本原因，很多人解决问题时只是把问题从一边转移到另一边，或者只是完成了大部分工作中的一部分。

"做了"与"做好"，虽然只是一字之差，实际上却有本质的区别。前者只是走过场，后者却意味着对组织的目标负责、对工作的品质负责。一个员工是不是称职，关键就在于他是重视"做了"还是重视"做好"。

第二章
做最主动的员工

只有主动地承担自己的工作，主动地去帮助别人，主动地做些分外的工作，我们才能抓住更多的发展机会，从而在事业上取得更好的成绩。

摆正自己的位置，工作到位而不越位

职场上不越位。只有明白自己的职场角色，摆正自己的位置，在自己的职位角色上规规矩矩地做人，我们才能得到应有的尊重，才能维护好职场上的人际关系。

自古以来，"有所为，有所不为"就是君王治国之道，而到了现在，它已经发展成为企业管理之道、人们做人做事的成功之道。职场中，很多事情是不能为的，越位就是其中之一。

古人说："惟名与器，不可以假人"，就是说，唯有名义和工具，是绝对不能借给别人的。名义代表着地位、权势和力量，而工具则是实现这些地位、权势和力量的手段。如果有意或者无意地侵犯了别人的"名"和"器"，就会引起别人的不满。

孔子的弟子子路豪爽正直，是孔子最喜欢的弟子。子路曾经做过蒲这个地方的行政长官。有一年夏天，雨水很多，子路担心洪水暴发，造成水患，就带领当地的民众疏通河道，修理沟渠。他看到民众夏天还要从事繁重的体力劳动，非常辛苦，就拿出自己的俸禄，给大家弄点吃的。孔子听说了，赶紧派子贡去制止他。

子路大为生气，怒气冲冲地去见孔子，说："我因为天降大雨，恐怕会有水灾，所以才搞这些水利工程；又看到他们非常劳苦，有的饥饿不堪，才给他们弄点粥喝。您让子贡制止我，那不是制止我做仁德的事情吗？您平时总是教我们仁，现在却不让我实行，我再不听你的了！"

孔子说："你要真是可怜老百姓，怕他们挨饿，为什么不禀告国君，用官府的粮食赈济他们呢？现在你把自己的粮食分给大家，不等于告诉大家国君对百姓没有恩惠，而你自己却是个好人吗？你要是赶紧停止还来得及，要不然，一定会被国君治罪的！"

要知道，只有国君才有资格"普济众生"，这是"名"；国君可以开仓放赈，这是他的"器"。子路置国君的名义和工具而不顾，非要自己周济百姓，让大家对他感恩戴德，"知有子路，不知有鲁君"，国君当然会生气，也无怪乎孔子派子贡去拦下子路这样做了。

现在职场中流行着这样一句话：上司天天干基层，员工天天谈战略。员工整天在考虑部门工作应该怎么规划、公司前景如何规划、产品在技术方面如何提高、战略应该怎么调整，但却忘了一个前提：先做好自己的本职工作。

在职场中，每个人都会有公司分配给自己的一个位置，公司对于组织层次的划分是清晰的，不同的人处于不同的组织层次，相对应的职能也有所不同。对于自己所处的这个角色，第一要求是明确自己的职能和所需技能，对自己有一个清晰的认识。这就要求你兢兢业业地守好、做好属于你这个位置所应该做的一切事情。这就叫职责上的"到位"。

然而，总是有一些人喜欢做些越位的事情，做些本不属于自己职责范围的事。当然，这个问题需要一分为二地看，但越上级的位，通常情况下不会有什么好果子吃。作为下属，用四个字来概括你的定位就是：贯彻执行。贯彻的是上司的思想，执行的是上司的决策，在贯彻执行的过程中，接受上司的考核。和上司相处，你是他的下属，你当然必须尽己所能助他一臂之力，但是，请不要忘记自己"参谋"的身份，切莫自作主张，喧宾夺主。

一次，销售总监孙涧带着销售员李一萌出差谈生意，因为客户代表是李一萌的大学同学，孙涧希望李一萌能以这层关系为突破口，李一萌确实很快就和老同学热乎起来，不仅给他详细地介绍了公司的产品，还天南海北地聊起来。然而，在谈到一些合同细节时，李一萌完全没有征询孙涧的意见，最后，竟然自己拍了板，商定了合同，让坐在一旁的孙涧很尴尬。

用餐时，李一萌又自作主张点了满满一桌菜，和同学继续神聊，把孙涧撂在一边。看到满桌的菜肴剩下大半，餐费大大超出预算，孙涧心里更加不满意。回公司的路上，李一萌得意地问孙涧："孙总，我这次表现还可以吧？"

孙涧冷冷地说道："嗯，不错，给我留下了深刻的印象！"令李一萌意想不到的是，从此以后，他再也没有出差的机会了，他彻底被孙涧给雪藏起来了！

虽然在这次谈判中，李一萌起到了重要的作用，然而，李一萌却忘了职场上的规矩，凡事自作主张，根本没把上司当回事。这样做，如何能得到上司的信任呢？

因此，在与上司相处的过程中，大到与客户谈判，小到出去买水、确定住宿标准，都应该明白自己的职责，先听听上司的意见，以免出现不合时宜的言行。最佳做法是当好"参谋"，提出建议，说明理由，把最终的决定权交给上司，切莫自作主张。

每个单位都像一部复杂而精密的机器，每一个部件都在固定的位置发挥着不同的作用，以保障整部机器的正常运转。作为下属，应对自己的职务、职权、职责负责，在任何情况下，先做好自己的本职工作，到位而不越位。

到位而不越位讲的是"度"的问题。有的员工长期在上司身边工作，深得上司的信任，就产生错觉，以为深受重用就消除了与上司之间的界线，从而不自觉地站在上司的位置上，替上司做起主来。虽然出发点是好的，是为上司分忧，也是为了维护公司的利益，但即使你做对了，上司心里也不会舒服，因为做决定的应该是他。所以，在工作中，无论你与上司的关系多么亲密，无论你的看法多么正确，也不要逾越与上司之间的界线。

然而有一部分人为了突出自己，老是喜欢越级，这些人大都对自己的顶头上司不信任或者不服气。这样做的后果是严重损害了与上司之间的感情，给自己的日常工作，甚至以后的晋升制造了障碍。因此，除非万不得已，到位即可，千万不要越位。到位，是一种要求；不越位，则是一种更高的境界。

乐意"自找麻烦"，主动寻求机遇

所谓及时补位，包括两个方面的意思：一是我们不但要把工作做到位，而且还要善于补位，想他人所未想，这样我们才能随时应对可能发生的各种问题；另一方面，则是要善于跑位，就像足球场上的运动员一样，通过跑位，随时抓住进球的机会。

对于一个聪明的员工来说，应该很乐意自找"麻烦"。"麻烦"来了，一般人的第一反应就是逃开。但是，当别人交给你某个难题，也许正是为你创造了一个珍贵的机会。谁的问题谁负责，是一般员工的想法，这样的员工充其量叫合格。对于一个聪明的员工来说，他总是很乐意自找"麻烦"。

一个星期五的下午，下班的时间马上就要到了，因为要到周末了，同事们精神上都放松了，都盘算着怎么过周末。一位陌生人走进办公室，问曹刚哪儿能找到一位助手来帮他整理一下资料，因为他手头有些工作必须当天完成。

曹刚问道："请问你是？"他回答："我们办公室也在这个楼层，我是一个律师，我知道你们这里有速记员。"曹刚告诉他，公司所有速记员都去看体育比赛了，如果晚来5分钟，自己也会走。不过自己还是愿意留下来帮他，因为"看比赛以后还有的是机会，但是工作啊，必须在当天完成"。做完工作后，律师问曹刚应该付他多少钱。曹刚开玩笑地回答："哦，既然是你的工作，大约1000美元吧。如果是别人的工作，我是不会收取任何费用的。"律师笑了笑，向曹刚表示谢意。

曹刚的回答不过是一个玩笑，他没有真正想得到 1000美元。但出乎意料，那位律师竟然真的这样做了。三个月之后，在曹刚已将此事忘到九霄云外时，律师却找到了曹刚，交给他1000美元，并且邀请曹刚到自己公司工作，薪水比他现在高得多。

如果不是你的工作，而你做了，这就是机会。有人曾经研究为什么当机会来临时我们无法把握，答案是：因为机会总是乔装成"麻烦"的样子。

每个公司都会出现一些无人负责的事情，这时就需要员工有一种补位意识，多做一些事情，做的事情越多，你的地位越重要，掌握的个人资源和工作资源也就越多，局面对你就越有利。

要想晋升成功，就必须使自己成为众人瞩目的焦点，让普通员工和上级了解、信任、支持自己。有些人虽然才华盖世、成绩卓著，足可以胜任更高一级职位的工作，但因其才华、能力、成绩鲜为人知，终难晋升。

哈维·柯尔曼对于晋升之道提出过新的见解。他在IBM工作了11年，其中有一半时间是在从事管理方面的工作。目前他正担任美国电报电话公司、可口可乐公司及默克等公司的顾问。

柯尔曼根据他在多家大公司的所见所闻，将影响人们事业成功的因素做了如下划分：工作表现只占10%，给人的印象占30%，而在公司内曝光机会的多少则占60%。他认为，在当今这个时代，工作表现好的人太多了。工作做得好也许可以获得加薪，但并不意味着能够获得晋升的机会；晋升的关键在于有多少人知道你的存在和你工作的内容，以及这些知道你的人在公司中的地位影响力有多大。

由此可以看出，曝光机会在晋升中起着重要的作用。如果你想得到快速的晋升，最好成为引人注目的焦点。在职场中，要想脱颖而出也是要看机会的。

梅瑜是个刚毕业的大学生，在一家大型企业做文员。她工作认认真真，每天都是最晚一个离开公司，看见别的办公室忘了关灯，她就会顺手关掉。在梅瑜心里，这些琐碎的事情，没有该做、不该做之说，一切都是举手之劳。有一次，梅瑜正准备出去吃午饭，结果发现前台那天请假了。为了避免闲杂人员进入公司，平时前台在大家去吃饭时都会坚守岗位。于是，梅瑜就让一个同事帮她带一份盒饭，自己则坐在前台的位置上值班。

老总去吃午饭时，看见偌大的办公室只有梅瑜一个人坐在前台位置上，老板感到奇怪："你不吃饭，在这儿坐着干吗？"梅瑜说："今天前台请病假了，平时中午都是她守着，以免坏人混入咱们公司。今天她没有来，我就替她值一会儿班吧，严防坏人混入！"老总笑了："你想得很周到，不过，一定不要耽误吃午饭啊！"说完，老总离开了。

有一天下班时，梅瑜看见销售部的几个同事在大汗淋漓地从地下室往卡车上搬货物。梅瑜说："都下班了，你们还在忙呀。"同事说："是一个老客户紧急要一批货。"但销售部很忙，大多数人都出差了。梅瑜见人手少，就主动帮助搬运货物，一直忙到晚上8点钟才回家。

因为梅瑜经常利用业余时间给其他部门的同事帮忙，于是，各部门都把梅瑜当成了"候补队员"，大家遇到难处都会求助于梅瑜，而梅瑜从不拒绝。

一个周末，人力资源部经理需要面试几十名求职者，由于是单个面试，因此，在面试的同时，公司要有个人招待其他的面试者以及维护面试的秩序。但是，人力资源部经理手下唯一的一个兵——人事助理正好在休婚假。想来想去，人力资源部经理就求助于梅瑜，梅瑜爽快答应了。

半个月前，公司的行政部主管调到一个分公司担任分公司经理了，于是，梅瑜被调到了行政部担任主管。梅瑜很是忐忑不安，她找到老总："于总，我以前就是市场部的一个小文员，您这突然把我提拔为行政部的主管，我感觉胜任不了啊！"

老总笑眯眯地说："梅瑜，你放心，我不会看错人的。是的，你以前是市场部的文员，你给自己定位很好，本职工作做得也很优秀。但是，我更看重的是你'补位'补得好，不管公司哪个部门缺人手，你都会积极主动地去帮忙，大大改善了这些部门因为暂时缺少人手而造成的被动局面，你对公司这么有感情、这么有责任心，让我很感动。其实，行政部主管就是一个公司的'管家'，我觉得你特别适合这个'管家'职务……"于是，梅瑜担任了行政部主管。

机会就是机遇，机会虽然是偶然出现的，但它也有规律可循，只要你做好各种准备，你与机会的距离就越来越近了。要想与上司建立良好的沟通渠道，慢慢拉近彼此的距离，你需要做的就是努力让上司发现你的才能和干劲儿，然后等待他来提拔你。

每个老板都很看重员工对公司的感情。当一个员工能处处为公司着想，在公司的一些部门因为种种原因而暂时缺乏人手的时候，这个员工能够利用业余时间积极主动地"补位"，那么，这样的员工是很受领导欣赏和信任的。

职场中，仅仅给自己"定位"准确还远远不够，能够积极主动地"补位"，你在职场中才会拥有更加广阔的进步空间。

主动积极，自动自发

自动自发是高效工作的前提，大至企业，小至员工，要想立于不败之地，都必须奉行主动执行、自动自发的工作理念。

不能自动自发的员工迟早会被社会淘汰，优秀人才总是为社会所需要。比尔·盖茨曾说："一个优秀的员工，应该是一个积极主动去做事、积极主动去提高自身技能的人，他会自动自发并且高效地投入到每一项工作任务中去。"

在钢铁大王卡耐基的眼里，"有两种人注定一事无成，一种是除非别人要他去做，否则绝不会主动做事的人；另外一种人则是即使别人要他做，他也做不好事情的人。那些不需要别人催促，就会主动去做应该做的事，而且不会半途而废的人必定成功，这种人懂得要求自己多努力一点儿、多付出一点儿，而且比别人预期的还要多"。

佳萱上大学时就开始勤工俭学，当她在一家金融机构做翻译时，翻译的一份年报得到了董事长的极力赞赏。董事长特意表扬了佳萱，董事长对佳萱的不凡谈吐与胆识欣赏不已，更觉得自己没看错人，于是，就让佳萱直接做了自己的秘书。

做了秘书后，佳萱工作积极主动，刚开始佳萱只是负责翻译年报、为董事长挑选当天的重要财经资讯这类简单的工作，但是佳萱却丝毫没有把它们当成小事，而总是用心将其做到最好。另外，佳萱还非常注意将董事长当天看过的报纸拿出来，还有一些不是佳萱的分内工作，佳萱都积极主动去做。

作为秘书，难免要做一些端茶倒水的事，对这类微不足道的小事，佳萱也琢磨出很多门道。比如，佳萱知道在会议中该如何去倒茶水，才不会打断老板的思路；佳萱知道什么时候老板喝的水需要加茶叶；佳萱知道老板什么时候需要抽烟……对所有这些细节性的问题，佳萱都会主动去观察、去摸索，并掌握得非常到位。

这样，经过一段时间的工作，董事长也意识到了，如果再让佳萱去做些复印、倒水、剪报之类的事情，就太屈才了。于是，董事长就任命佳萱出任公司的副总经理。

不要认为在工作中只要准时上下班、不迟到、不早退就算是尽职尽责了。当然，如果你只是想平平庸庸、得过且过，领一份饿不死也撑不着的薪水，那么，你完全可以在完成老板交代的工作后让自己放松下来。但如果你想在工作中取得一定的成就，将工作做得更出色，并在职场中拥有更强的竞争力，像佳萱那样脱颖而出，那你就需要时刻保持一种自动自发的精神。那些善于自动自发去工作的员工，将会在工作中获得更多。

　　在工作中，只要认定那是要做的事，就立刻采取行动，而不必任何事情都要等老板做出交代。其实，工作是为了充分挖掘自己的潜能，发挥自己的才干。主动工作、积极进取的员工，不仅更容易在职场中找到自己的位置，同时也能够更好地实现自我价值。

　　一个人如果凡事靠别人推一步才走一步，从不主动去想、主动去做、主动去学，那么，他一辈子也不可能敲开那扇成功的门。

　　畅销书《致加西亚的信》中说：我钦佩的是那些不论老板是否在办公室都会努力工作的人，这种人永远不会被解雇，也永远不会为了加薪而罢工。只有老板在身边时或别人注意时才有好的表现，这样的员工永远无法获得成功。

　　一家大型公司进行招聘，经过考试，张柯、刘凌、李铮三个人从众多的求职者中脱颖而出。人力资源部经理对他们说了一声"恭喜你们"后，将他们带到仓库，那儿有几堆摆放得乱七八糟的货物。

　　经理告诉他们先每人负责一堆，将那些货物码放整齐，然后在三人疑惑的目光中离开了。张柯说："我们不是被录取了吗？为什么把我们带到这里？"刘凌对李铮说："经理是不是搞错了，我可不是来干这个的。"李铮说："别说了，既然让我们干，我们就开始干吧。"说完，李铮就开始干了起来，张柯和刘凌也只好跟着干。还没完成一半，张柯和刘凌的速度就慢了下来，"经理已经走了，我们还是歇会儿吧。"张柯说。刘凌跟着也停了下来，李铮却还在继续干着。

　　这样，等到经理回来的时候，李铮的任务已快完成了，而张柯和刘凌完成的还不到一半。经理说："下班时间到了，先下班吧，下午接着干。"张柯和刘凌如释重负般扔下了手里的货物，李铮却坚持把最后一点干完了。回到公司，经理郑重地对他们说："这次公司只聘用一人，刚才是最后一场考试，恭喜李铮，你被录用了。至于张柯和刘凌，你们不妨回去想一下这次自己之所以落聘的原因。"

具有自动自发工作思维的员工，有着高效的执行力。他们会自觉加班加点，尽最大努力把工作完成，他们时刻都在考虑怎样尽善尽美地完成工作。他们不仅会圆满地完成任务，还会为老板考虑，提供尽可能多的建议。

一个推崇自动自发企业文化的团队，必定是一个拥有凝聚力、战斗力与竞争力的团队。当一项任务被自动自发地有效执行时，任务就会突然变得简单明了。很显然，一个单位一旦形成这种自动自发执行的企业文化，就没有什么战略不能被有效执行，就没有什么业绩不能实现！

做毛遂自荐的勇敢者

一个做事积极主动的人，深知自己工作的意义和责任所在，他会随时准备把握机会，展示超乎公司要求的工作表现。美国成功学大师拿破仑·希尔曾说："人与人之间只有很小的差异，但是这种很小的差异却造成了巨大的差异！很小的差异就是所具备的心态是积极的还是消极的，巨大的差异就是成功和失败。"

社会在进步，公司也在不断发展，个人的职责范围也会跟着扩大。不要总拿"这不是我职责内的工作"为理由来推脱责任，当额外的工作分摊到你头上时，这也可能是一种机遇。把事做好、做成，最大限度地提升和创造效益，主动开展工作，就是业绩的"发动机"。

念芸是一家公司的秘书，她的工作就是整理、撰写、打印一些材料。念芸的工作单调而乏味，很多人都这么认为。但念芸觉得自己的工作很好，她说："检验工作的唯一标准就是你做得好不好，不是别的。"

念芸整天做着这些工作，做久了，念芸发现公司的文件存在很多问题，甚至公司的经营运作方面也存在着很大的问题。

于是，念芸每天除了做完必做的工作之外，还细心地搜集一些资料，甚至是过期的资料，念芸把这些资料整理分类，然后进行分析，写出建议。为此，念芸还查询了很多有关企业经营管理方面的书籍。

后来，念芸把打印好的分析结果和有关证明资料一起交给了总裁。总裁起初并没有在意，一次偶然的机会，总裁读到了念芸提交的那份建议。这让总裁非常吃惊，因为这个年轻的秘书，居然在建议中表现出了极其缜密的心思，而且其分析井井有条、细致入微。后来，念芸的建议很多都被采纳了。总裁很欣慰，觉得有这样的员工是他的骄傲。念芸被总裁委以重任。

面对工作和任务，有两种完全不同的态度：一是被动应付，二是自动自发。如果被动应付，效果必然打折，甚至会出现很多想象不到的问题。而自动自发，就会处处主动，没人要求都会自我要求，没办法都会想方法，不仅能做好，往往还能超额完成工作。

工作中没有"分外事"，要想在职场中有所成就，就必须永远保持积极主动的进取精神。对工作中的事务，无论分内分外，都要积极主动去做，而且，那些看似额外的工作，能够使你对自己所从事的工作拥有一种更宽广的视野，与此同时，你也能获得更多的成长机会。

工作中的自动自发，不仅仅表现在对工作职责上，而且也反映在对机会的把握上。机会是稍纵即逝的，对于工作中的机会，也要主动去把握，在机会面前勇于毛遂自荐。毛遂自荐的故事很多人都听说过，今天的我们，是否还有毛遂的勇气和魄力呢？

丹荻大学毕业后一直在一家大型公司工作，工作三年来，丹荻先后做过前台、客服、业务等多种工作，这么多工作岗位，丹荻尽管也用心去做了，但她总是感觉不满意。因为丹荻做的大多是一些书面的、案头的工作，都是很琐碎也很程序化的事情，这样的事情做得时间长了，难免会让人产生厌倦的感觉。为了找到更适合自己的平台，丹荻一直都在盘算着换个岗位。

正好，那时候丹荻所在公司业务部在进行人员扩充，而且新成立的业务部需要新的业务主管，当时公司的想法是从外面招聘。丹荻得知了这个情况后，知道这是自己的一个机会。于是，经过一番周密的考虑，丹荻主动向业务经理提议："与其从外面招新手，还不如让我做一个'内部提升'，这样上手也快些。而且我本身也具备很多优势：一来，我在公司做了这么长时间了，对公司的操作流程比较熟悉；二来，在做客户服务的时候，我已经和公司的很多客户打过交道，对他们比较了解，也能够快速适应业务部的工作。此外，我也善于和人打交道，对于沟通和协调工作也比较在行，我相信我能适应新的管理岗位！"

丹荻的这一"自荐"举动，引起了公司领导层的注意，他们经过认真的分析与研究，发现丹荻这个老员工三年来在各个岗位上表现都很出色，而且也具有较强的管理能力，于是，他们决定提拔丹荻为新的业务部主管。

机会并不是你苦苦等待就会降临到你头上，它需要你主动去把握。

斯迈尔斯说:"碰不到机会,就自己来创造机会。"

机会之门要靠自己的力量去打开,所以,我们每天都要不断地努力,并且对工作充满兴趣。机会不会因为等待而来,所以,你必须去争取!机会很少主动来敲门。我们要想得到它,必须在工作中积极地去寻找机会,敏锐地识别机会,果断地抓住机会,准确地利用机会。而绝不能只把希望寄托在那些偶然事件上,抱着守株待兔的侥幸心理消极地等待机会。

主动帮助别人，扩大自己的交际圈

提起雷锋这个名字，我们都再熟悉不过了。一想起他，人们就自然把他与自觉做好人好事联系起来。虽然雷锋早已离开我们，但雷锋精神并不过时。任何人都渴望得到别人的帮助，因此，做好人好事的人，会永远受到人们的热爱与尊敬。

一个乐于助人的人，内心一定是富足、快乐的。别人的感恩是我们最大的财富。这正是古人所说的"富在知足，贵在人敬"，比起坐拥金山却一毛不拔的人，乐于助人的人才拥有真正的"富贵"。

春秋时期的范蠡是"财神"的化身。他总会散财于民，史书上有他"三聚财，三散财"的记录。他懂得获得财富的方法：把财富变为百姓的感恩心，就能拥有无尽的财富之源。洛克菲勒家族、比尔·盖茨等世界巨富也都极其慷慨，纷纷投身于慈善事业。中外"财神"都掌握了财富的秘诀：越给予，越富有。

一个真正取得成功的人，一定是充满爱心的人，一定是乐于助人的人。我们要学会帮助别人，如果你已经取得了成功，你需要帮助别人；如果你还没能取得成功，你更需要帮助别人。因为帮助别人就是在帮助自己，只有给予别人帮助，我们才会获得大家的支持，才会使我们成功的路途更加顺利。"助人"是一个宽泛的概念，不一定非得捐钱捐物。同事遇到难题了，我帮一把，我有好的经验，与有需要的新人和后辈分享，这都是"助人"。

只要我们做好人好事形成了习惯，就会发现时时都有助人的要求，处处都有助人的机会，就能创造"我为人人，人人为我"的环境，让生活更加幸福，让社会更加美好。同时，也就能让雷锋精神代代相传。

乐于助人是我们中华民族的传统美德。当有人遇到困难的时候，我们一定要尽自己的能力去帮助他，这种帮助不但可以让自己感到满足，也会得到别人对我们的感激和回报。帮助别人是一件非常快乐的事情。

晚餐过后，王天亦在自家的阳台欣赏美丽的夕阳，就要落山的太阳照在飘过的云朵上，眼前的景象实在是美丽极了。就在王天亦非常投入地欣赏这美丽景色的时候，一阵咳嗽声引起了他的注意。

他看到不远处公园的长椅上躺着一个和自己年龄差不多的年轻人，年轻人身上只穿着一件破旧的外套，天气已经很冷了，年轻人瘦小的身体一直在发抖，相信每个人看到这一幕都会感到难过。

王天亦赶紧走出了家门，来到了公园。他慢慢地走了过去，走到年轻人的旁边说："你是不是很冷？为什么不回家去？"

那个冻得发抖的年轻人抬起头看了王天亦一眼，说："是的，我很冷，我也很想回家，我也想像你一样生活在漂亮的公寓里，可这对于我来说实在是太难了。"

王天亦听了年轻人的话以后，非常同情地说："那你最想要的是什么？说给我听，或许我可以帮上你。"

年轻人稍稍停顿了一会儿，说："我现在唯一想做的事情就是能够躺在一张暖和的床上，舒服地睡一觉。"

王天亦笑了笑，说："这个愿望我可以满足你。"他拉着那个年轻人回到了自己的家中，打开自己的房门，说："这是我的房间，今天晚上你可以在这里舒服地睡上一觉。"说完，王天亦便去其他房间休息了。

第二天一早，王天亦来到了自己的卧室，当他轻轻地推开房门时，发现年轻人已经不在了。床上的东西摆放得很整齐，年轻人根本就没有在这里休息。王天亦非常不解，他连忙跑了出去。在公园的那条长椅上，他找到了昨天的那个年轻人。王天亦问他："你的愿望不是在暖和的床上好好地睡上一觉吗？可你为什么又回到了这里？"年轻人非常感激地说："谢谢你，你给我的这些已经足够了……"

转眼间，很多年过去了，这件事情在王天亦的脑海里已经没有一点儿印象了。一天，王天亦被邀请去参加一个度假村的落成典礼。当他来到典礼现场的时候，发现这里来了很多社会名流，王天亦疑惑极了，他心想："我并不认识这个度假村的主人呀！来到这里的都是些有名气的人，可他为什么要邀请我呢？"就在王天亦困惑万分的时候，度假村的主人发表了这样一番讲话，他说："我之所以能取得这样的成就，要感谢所有帮助过我的人，其中，我要特别感谢一位在我年轻时曾经给予我巨大帮助的人，是他让我有了人生的目标，是他让我对生活充满了信心。"说话间，他走到了王天亦的身边，紧紧地握住了他的手。

王天亦这才认出这个人正是当年那个在公园里冻得发抖的年轻人，现在他已经成为赫赫有名的企业家。他握着王天亦的手，激动地说："谢谢你曾经给予我的帮助，当你把我带到你的卧室的时候，我突然明白，眼前这张暖和的床并不属于我，我应该去寻找真正属于我的床。如果没有你，我想我是不会有今天的。"

每个人都会遇到困难，当别人处于危难的时候，我们应该设法去帮助别人。帮助别人会让我们自己的心灵更加充实，让我们的人生充满快乐。

超越人生的"险峰"，攀登事业的"高峰"

在这个竞争激烈的社会，什么都要讲究实力，要想在社会上立足，成为一个有用的人，就需要有自己的竞争优势。而拥有竞争优势的前提，就是克服自己内心的"险峰"。这里所谓的"险峰"，就是自己内心的障碍——不敢尝试、不愿意付出努力，只有克服这些问题，才能为创造业绩的高峰做好充分的准备。

作为一名员工，我们内心的"险峰"是一切难、烦、害怕、焦虑等负面情绪，假如这些"险峰"不能克服，我们就不能真正地投入工作。

李晗松是一家集团公司的总经理，他是一个真正从业绩高手成为高级管理者的人。他并非是跟随董事长最久的人，但一定是该单位业务做得最好的人之一。之所以被提拔，除了其综合素质外，恐怕与他不断将业绩做得突出有关。

李晗松曾经是这家集团公司兰州分公司的业务总监，后来由于业绩突出，被提拔为总经理。在集团领导的眼中，根据一般情况，兰州分公司的市场不会太大。所以，当讨论兰州分公司能完成多少销售额时，不少人认为2000万元人民币就可能"到顶"了。但是，作为兰州分公司总经理的李晗松，想尽办法拼搏，完成了5000万元人民币的销售额。

之后，李晗松并没有在原来的业绩单上停留，而是一次又一次将不少人"认定"的"到顶"指标打破，不断向更高的目标冲刺，最终让兰州分公司成为集团各分公司中业绩最好的分公司之一。李晗松也因此得到了集团董事长的重视。之后，董事长打破了论资排辈的传统，直接将李晗松提拔为集团的总经理。

对于自己的成功，李晗松说："不敢挑战困难，实际上就是影响业绩的第一障碍。在任何单位里，有两种情况最要不得：一是业绩做得好的人满足了，甚至自以为自己天下第一，从此可以高枕无忧了，从而安于现状；而另一种人则是业绩较差的人认命了，得过且过，安于现状。不管是哪一种，心态都是很消极的，都是创造业绩的最大障碍！"

当人们问李晗松"最好的业绩从哪里来"这一问题时，李晗松说："最好的业绩，就从不断挑战困难而来。首先，必须确定一个高的目标，就是一般人认为'不可能完成'的任务。然后要有心理准备：这样去做，遇到的问题当然是不同寻常的。但是，恰恰问题就是机会——因为别人不敢去接受这样的任务，别人不敢去克服的困难和不敢去解决的问题，你却偏偏勇敢地去做了，你就取得最大的竞争优势了。别人眼中的'难'和'不可能'，不是成了我们成功的最好机会吗？"

在追求最好业绩的过程中，能力重要，方法重要，但是积极的心态更为重要！

戴尔·卡耐基曾经说过："一个不能给他人带来财富的人，自己也无法获得财富。你必须持续地为他人创造价值。"你不为老板创造价值，老板拿什么来支付你的薪水？多劳多得，少劳少得，不劳不得，永远是职场的真理。现实就是如此，千万别怪老板薄情寡义。一个员工，必须把努力创造业绩、为企业带来效益当作神圣的天职和光荣的使命。要吃樱桃先栽树，要想收获先付出。出色的业绩不是你口头上随便说说就能得到的，而是需要你付出勤奋和智慧，踏踏实实地做事，注重每一个细节，想尽一切办法提升自己的工作业绩。

"在任何单位，谁是最受欢迎的员工？"毫无疑问，答案是最能创造业绩的员工。"只为成功找方法，不为失败找借口！""少向外界要条件，多向自己要智慧！"是的，任何单位都是首先重视业绩。但在工作中，"难"和"不可能"，却成为一些人躲避责任的借口，并因此而成为影响业绩的最大障碍。

最好的业绩从哪里来？从最能挑战困难和问题来！越敢主动挑战困难，越能创造一流业绩！越能变问题为机会，越能创造工作奇迹！

"心不难，事就不难"，"没有不能，只有不肯！"当我们拥有了挑战困难的积极信念，我们就获得了创造最好业绩的根本保证！

第三章
做执行力最强的员工

做工作光有计划不行，我们还必须付出实际的行动。执行力就是竞争力，在竞争激烈的市场中，我们只有用最强的执行力去完成自己的工作，才能获得更好的工作结果。

实干才能实现梦想

梦想是人生的指南针，让你始终有前行的方向；激情是事业的催化剂，能增加你前行的动力；实干的行动是核心，它让你前进的步伐迈得更加坚定。

工作需要有足够的热情，更需要有实干的行动，因为没有行动，任何规划都得不到执行，工作无法落实到位，理想只能成为空想。

一天，一位苦闷的青年画家找到了德国著名画家门采尔，向他请教："尊敬的先生，一个问题一直困扰着我，为什么我常常能够一天作一幅画，但卖出这幅画却需要一年的时间呢？"

门采尔微微一笑，说："年轻人，你何不试着换一下，用一年的时间来作一幅画呢？"

年轻人恍然大悟，回去之后，他迫使自己耐心构思、揣摩，而且在闲暇之余苦练基本功，力求每一笔都能传神，如果有一笔是败笔，就毁掉重画。几年之后，他发现自己的画技有了显著的提高，他试着把几年来画出的最满意的几幅作品拿去卖，结果人们对他的画赞叹不已，争相抢购，甚至有人愿意出高价购买。不久，这个年轻人成了当地很有名的画家。

在这个世界上，没有一蹴而就的成功。有的人抱怨成功离他们很远，那是他们太急于求成。实际上，我们不必非得花一年的时间去干一天的事情，只是我们如果在内心深处能有用一年的工夫去做一天的事情的踏实和耐心，那我们就一定是离成功最近的人。

"谁肯认真地工作，谁就能做出成绩，就能超群出众。"天分再高，不思上进、不努力进取、不懂得在逆境中奋进，就不会有大的作为。只有踏实肯干、任劳任怨、一步一个脚印向前进，才能在岗位上取得傲人的成绩，才能谱写出人生中最美丽的篇章。

周杰伦是华语流行男歌手，曾登上美国《时代周刊》亚洲版封面人物。周杰伦的音乐融合中西方元素，风格多变，他四次获得世界音乐大奖最畅销亚洲艺人，2014年获QQ音乐年度盛典"港台最受欢迎男歌手"及压轴大奖"最佳全能艺人"。

周杰伦是华语乐坛的奇迹，但在他成名的背后，也有着不为人知的故事。可以说，周杰伦是娱乐圈里任劳任怨、踏实肯干的最佳典范。

1997年，周杰伦遇到了吴宗宪，吴宗宪邀请周杰伦到他的唱片公司写歌。可是，刚进公司的新人，哪里有什么创作的机会。有一次，公司为一位香港大牌歌星制作唱片，由于录音棚里的人太多、太分散，周杰伦不知道里面一共有多少人。为了不落下一个人，那天，他从中午12点钟一直到下午3点钟，来来回回不停地跑着去买盒饭。期间，他竟连口水都喝不上，而录音棚里忙忙碌碌的人居然没有一个人注意到他。

周杰伦踏踏实实做事的态度被老板吴宗宪看在了眼里，他特地为周杰伦成立了阿尔发音乐工作室，周杰伦从此才有了真正的创作空间。

想得到别人的认可，就需要比别人付出双倍的努力。用一颗任劳任怨的心来对待工作，把工作当作生命中重要的一部分来完成。

空想百遍不如立即采取行动

行胜于言，只有采取积极有效的行动，才能在现代化的企业中获得成功。努力培养自己的行动意识，在工作中勇于承担责任、积极行动，那么，你就一定能成功。如果你只是空想，却没有采取行动，那么，等待你的一定是失败。

一个行动胜过百个空想，不要让你的梦想成为空想。离开那滋生堕落的温床吧，哪怕只是为了一个小小的目标，行动起来才有可能实现，小目标的积累就会变成大成就。行动起来，把自己塑造成为自己心目中的样子。

林涧熙和池一媚是很要好的朋友，两个人的梦想都是长大后要当一名节目主持人。林涧熙长相甜美，且家庭条件优越，林涧熙的父亲是一所名校的大学教授，母亲是一家医院的妇产医生。林涧熙的父母给了女儿最大限度的自由，林涧熙也觉得自己具有这方面的天赋。但是，过于自信的林涧熙什么也没有做！林涧熙在等待奇迹出现，希望就像明星在街头被星探发现一样，有伯乐发现自己，然后一鸣惊人，当上电视节目主持人。林涧熙不切实际地期待着、等待着。

池一媚没有林涧熙漂亮，家境也远不如林涧熙。池一媚的父母只是普通的工人，并且母亲因为身体原因早早地病退了。池一媚知道，想要实现自己的梦想，没有任何捷径可走，只有依靠自己的努力。池一媚白天去打工，晚上在大学的舞台艺术系上夜校。毕业之后，池一媚开始谋职，她跑遍了城市的每一个广播电台和电视台。但是，每个经理给池一媚的答复都差不多："不是已经有几年经验的人，我们一般不会雇用的。"

池一媚没有退缩，也没有等待机会，而是继续走出去寻找机会。池一媚一连几个月仔细阅读广播电视方面的杂志，最后终于看到一则招聘广告：有一家很小的电视台招聘一名预报天气的主持人。池一媚在那里工作了两年，之后又在一家小有名气的电视台找到了一份工作。几年后，池一媚终于成为她梦想已久的节目主持人。

池一媚之所以会成功，就是因为她知道天下没有免费的午餐，一切成功都要靠自己的努力去争取。

不要让你的梦想成为空想，空想百遍不如立即采取行动。人不能预知自己的未来，所以就不可能预测到将来自己可能会用到什么知识，就如乔布斯说的："你不能预先把点点滴滴串在一起，唯有未来回顾时，你才会明白那些点点滴滴是如何串在一起的。"不管现在我们掌握了什么知识或是经验，都会在以后某一个时刻带来益处，但是前提是你已经掌握，而不是仅仅想到过。所以，只要意识到自己对某一方面感兴趣，那么，就请及时地付出行动吧，不要只是在自己的头脑中幻想。

在职场这个大舞台上，想成就一番伟业的人多如过江之鲫，而结果往往如愿者只有十之一二。因为很多人一直处于思考、梦想、迟疑状态，而没有行动。在犹豫中，错过了最佳时机。只有少数人，不仅有思考的能力，而且还是积极行动的巨人。

在现实工作中，我们往往是说得多，行动的时候少，把想法放在今天，而总把行动留在了明天。梦想着成功，却不去行动。而真正的成功者，则是把行动放在现在，把希望放在未来。

积极行动是职场成功的基础，积极行动不仅限于主动决定并推动事情的发展，还意味着必须为自己负责。今天，大多数优秀的企业对于人才的期望是：积极主动、充满热情、行动力强。当机遇尚未出现时，除了时刻准备之外，我们也应该积极行动，为自己创造机遇，不能总是守株待兔，等着机遇上门。

注意细节，从小事做起

感动人心的往往是细节，赢得人心的往往是小事。因此，要想赢得更多客户的倾心，赢得上司更多的关注，你就不能不重视细节。

东京一家贸易公司有一位小姐专门负责为客商购买车票，她常给德国一家大公司的商务经理购买往返于东京、大阪之间的火车票。

不久，这位经理发现了，他每次去大阪时，座位总在右窗口，返回东京时，座位又总在左窗边。于是，他询问小姐其中的缘故。小姐答道："车去大阪时，富士山在您右边，返回东京时，富士山又在您的左边。我想，外国人都喜欢富士山的壮丽景色，所以，我替您买了不同的车票。"

就是这种不起眼的细节小事，使这位德国经理十分感动，促使他把对这家日本公司的贸易额由400万马克提高到1200万马克。他认为，在这样一件微不足道的小事上，这家公司的职员都能够想得这么周到，那么，跟他们做生意还有什么不放心的呢？

　　很多伟大的事业都是由一些小得不能再小的事情构成的，可我们总是倾心于远大的理想和宏伟的目标，总觉得那些小事微不足道，我们总是忽略了不该忽略的小事情、小细节。

　　凡事从小处着眼，从细节做起，当一个人真正注重细节、从小处用心做事的时候，就会一丝不苟地把事情做得更好。灿烂星河是无数星星汇聚而成，丰功伟业也是由琐小事情积累，所以，一定要从小事做起，时刻提醒自己注重细节。

埋头苦干，锐意进取

情感是促进一项事业成功的重要催化剂。将情感置于工作精神中来理解，就是热情、激情。在工作中，我们要想在同事中脱颖而出，就必须时刻保持对工作的热情。这种热情只有发自内心，才能创造出工作业绩，使你在激烈的竞争中立于不败之地。

有权威研究表明，如果一个人对工作的积极性高，就能发挥出全部才能的80%～90%；如果一个人对工作没有兴趣，就只能发挥其20%～30%的才能。

2008年1月，罕见的冻雨和冰雪袭击我国南方。三湘大地，千里冰封。湖南电网220千伏及以上线路大面积严重覆冰，覆冰厚度以每小时1毫米的速度增加，部分线路覆冰厚度达40～100毫米。全省大部分变电站覆冰，398座变电站停运。冰闪、跳闸、断线、倒塔……冰闪造成500千伏主网架多次跳闸，110千伏及以上线路倒塔2242基、变形706基、断线2817处。整个湖南电网仅靠220千伏网络支撑，京广、湘黔电气化铁路14个牵引变电站供电中断，全省682.4万户居民停电。湖南电网惨遭重创，郴州等局部包网遭到毁灭性破坏，湖南电网面临前所未有的考验。

罕见的冰冻灾害，将一份注定难以避免的艰险和责任，摆在所有员工的面前。湖南省电力公司启动了应急预案，14000多名员工义无反顾地冲进了冰雪天地。他们登上寒风刺骨的高塔，用血肉之躯，用最原始的也是唯一可行的方式，与灾害进行艰苦卓绝的搏斗。人工除冰的敲击声，在寒风刺骨的旷野、在冰封最严重的山顶、在一座座岌岌可危的高塔上，连绵不绝地响起。

从那一天开始，成千上万抢修工人就一直没有回家。在长沙，在益阳，在衡阳，在株洲，在湘潭，在郴州……他们记不清转战了多少个抢险抢修工地，餐冰饮雪。在深山里，他们踏着齐膝深的积雪，在灌木、草丛结冰后形成的"冰刀"丛林中开路，即使脸冻得发紫，手脚不听使唤，仍夜以继日地巡线、除冰。

在旷日持久的连续奋战中，发生了许多故事，每一个故事都是意志的诉说、责任的表达。这是一场令全民震撼的搏斗！它见证了电网员工的勇气、责任和奉献。为了人民的利益、电网的安全，他们不顾个人安危，奋勇破冰。

一个人长期从事一项工作，尤其是每天重复同样的劳动，难免会从心理上产生疲劳感和厌烦情绪。要真正做到每天都带着热情工作，一定不是容易的事情。在这种情况下，如果不能及时调整心态，就很难保持工作热情。那么，该如何不断激发工作热情呢？

1. 积极向上，永不服输

在工作中，情绪偶尔低落或消沉，是不可避免的。但是，我们可以不断调整自己的心态。现在的工作环境下，员工之间的竞争越来越激烈，企业对员工的要求也越来越高。在这种情况下，保持一种不断进取、不甘落后的信念和积极向上的心态就显得特别重要。平时，多和优秀人士沟通交流，感受他们对工作生活积极热情的态度；多读一些能给自己鼓舞的书籍；给自己定下一个近期通过努力可以实现的目标，从而激励自己。

2. 坚持理想，制定目标

明确自己的工作目的，要知道是为了什么而工作。只要我们还有理想，那么，我们就能够保持工作热情。为了抵御长期工作产生的懈怠情绪，可以给自己制定阶段性的工作目标，这样会让我们觉得有方向、有动力、有奔头。

3. 全力以赴

要在长期的工作中保持热情，就要调动起自身的力量，全心全意做好自己的本职工作。当我们的工作有了业绩，自然就会产生成就感，同时，还会赢得别人对我们的尊重，这样，我们也就有了工作的动力。

把每一件平凡的事做好就是不平凡

其实，我们在多数时间里做的都是小事。很多人不屑于做具体的事，他们总盲目地相信"天将降大任于斯人也"，殊不知，能把自己所在岗位的每一件小事做好，就已经很不简单了。好高骛远者，最终只能自找苦吃。

汤姆·布兰德起初只是美国福特汽车公司的一个杂工，正是在做好每一件小事中获得了较快成长，他最后成为福特公司最年轻的经理。在有着"汽车王国"之称的福特公司里，他32岁就当上了经理。

汤姆20岁时进入工厂，开始工作之后，他就对工厂的生产情况做了一次全面的了解。他知道一辆汽车由零件到装配出厂大约要经过13个部门的合作，而每一个部门的工作性质都不相同。

他当时就想，既然自己要在汽车制造这一行做下去，就必须对汽车的全部制造过程都有了解。于是，他主动要求从最基层的杂工做起。杂工不属于正式工人，也没有固定的工作场所，哪里有零星工作就要到哪里去。汤姆通过这项工作，和工厂的各部门都有了接触，对各部门的工作性质也有了初步的了解。

在当了一年半的杂工之后，汤姆申请调到汽车椅垫部工作。不久，他就把制椅垫的手艺学会了。后来，汤姆又申请调到点焊部、车身部、喷漆部、车床部去工作。在不到五年的时间里，他几乎把制造厂各部门的工作都做过了。最后，他决定到装配线上去工作。

汤姆的父亲对儿子的举动十分不解，他质问汤姆："你工作已经五年了，总是做些焊接、刷漆、制造零件的小事，恐怕会耽误前途吧？"

"爸爸，你不明白。"汤姆笑着说，"我并不急于当某一部门的小工头。我以整个工厂为工作的目标，所以，我必须花点时间了解整个工作流程。我是把现有的时间做最有价值的利用，我要学的不仅仅是一个汽车椅垫如何做，而是整辆汽车如何制造。"

当汤姆确认自己已经具备管理者的素质时，他决定在装配线上崭露头角。汤姆在其他部门干过，懂得各种零件的制造，也能分辨零件的优劣，这为他的装配工作增加了不少便利，没过多久，他就成了装配线上的灵魂人物。很快，他就升为领班，并逐步成为15位领班的总领班。由于业绩非凡，一年后，他就升到了经理的职位。

大事是由众多的小事积累而成的，忽略了小事就难成大事。从小事开始，逐渐锻炼意志，增长智慧，日后才能做大事。眼高手低者，是永远干不成大事的。工作之中无小事，每一件事都值得我们去做。

即使是最普通的事，你也不应该敷衍应付或轻视懈怠，相反，应该付出你的热情和努力，全力以赴、尽职尽责地去完成，这样才能养成良好的职业素养。

第四章
做最有团队精神的员工

我们都是在一个集体中工作，因此，我们必须团结我们的同事，时刻懂得换位思考，营造一种和谐的团队氛围。只有所有人齐心协力，我们才能更好地完成工作任务。

时刻站在对方的角度去思考问题

　　一说到团结，我们就会想到一句话："人心齐，泰山移。"心齐了，大家就会力往一处使，连巍巍泰山都能移动。尽管这只是一个比喻，但它从一个方面反映了团结的力量非常大。

　　正因为团结是如此重要，我们就必须让自己成为一个善于团结的人。要将事情顺利办好，先得让对方心情舒畅。时刻站在对方的角度去思考问题，并能以宽广的胸怀去包容他人，就能最大限度地团结人。

　　要搞好团结，就要先解开"心结"；少用命令句，多用商量句；少强调"我"，多强调"你"和"我们"。

　　余卓然刚刚进入一家公司，她总觉得工作不太顺利，原因就在于同事兼搭档薛朵儿老是挑剔她，而且话语间常带着尖刻、讽刺的味道。记得刚进公司的时候，薛朵儿就总对余卓然评头论足，不是说她的发型太难看了，就是说她的衣服太老气，并且在工作上对余卓然明显表现出了不配合的态度。更糟糕的是，余卓然在工作中明明做得很出色，可薛朵儿总是从鸡蛋里挑骨头。尤其是当着上司的面儿时，薛朵儿的声音更是响亮："哎呀，余卓然，这个数字是不是算错了？"几次下来，余卓然很是生气，她想不出自己哪点儿得罪薛朵儿了。她本想以牙还牙，给薛朵儿点厉害尝尝。但她又想，职场要的就是团结，自己和薛朵儿在一个部门，多一事不如少一事。于是，余卓然转变策略，对薛朵儿既客气又礼貌，经常买好东西给她吃，面对她的责难也表现大度。同事们都看在眼里，后来，一个同事悄悄告诉余卓然，薛朵儿对她这种态度不是因为看不惯她，而是因为薛朵儿本来想一手担负起整个工作，并以此为条件，让上司给自己加薪。结果，上司居然增加了岗位，将余卓然招了进来。余卓然这才恍然大悟，从此对薛朵儿更加关心，并从侧面让薛朵儿明白，即使自己不来，上司也不会让薛朵儿一人独大，更何况是以此为要挟要求加薪呢？

薛朵儿仔细想想也是，她的心结解开了，面对余卓然的热情，薛朵儿也不好意思再跟余卓然做对了。

办事要顺畅，先让心顺畅，让对方心里舒服，自己也会舒服。案例中的薛朵儿心里想通了，自然也不再为难余卓然。

身在职场，我们每一个人都避免不了被人"冒犯"或"误解"，如果我们对此耿耿于怀的话，心中就会有解不开的"疙瘩"，这对于我们的身心健康和职业发展都是很不利的。但是，如果我们能够换位思考一下，我们就能够深入地体察到对方的内心世界，就能理解对方的做法了。当你给予别人宽容的同时，也就解开了自己内心的"疙瘩"，获得了良好的心态。

　　一个企业就像是一个大家庭，企业内所有人工作的总目标应该是一致的，而且，一个系统强调的是整体运行，某个子系统不能正常运行，则整个系统会受影响。因此，每个人都应从整体、全局的高度出发，认识到别人的工作与自己的工作同样重要，解决好工作中的矛盾与冲突。

　　朱小茜在一家店里当服务员，每天需要面对形形色色的顾客，但不管自己受多大的委屈，朱小茜总能使顾客满意，朱小茜坚持的原则就是和气生财。

　　这天，一名顾客指着面前的杯子，气愤地对朱小茜说："小姐！你过来！看看！看看！你们的牛奶是坏的，把我的一杯好红茶都给糟蹋了！"

　　"真是对不起！"朱小茜赶紧向顾客赔不是，然后笑着对顾客说："您稍等，我立刻给您换杯新的。"

　　新红茶很快就换好了，跟前一杯一样，碟边依然还是准备了新鲜的柠檬和牛奶。当朱小茜轻轻地把红茶放在顾客的面前时，又轻声地对顾客说："不好意思，我建议您如果放柠檬的话，就不要加牛奶了，因为有时候柠檬酸会使牛奶结块的。"

　　顾客的脸一下子就变红了，他匆匆地喝完了茶，什么也没说就走了。这时，有人问朱小茜："明明是他土，你为什么不直说呢？他那么粗鲁地叫你，你为什么不还他一点儿颜色看呢？"

　　"他的粗鲁是因为他不知道柠檬酸会使牛奶结块，所谓不知者不怪，我婉转一点儿，他会更容易接受的！"朱小茜说，"办事要顺畅，先让心顺畅。人应以和为贵，和气生财嘛！"

生活中，有太多的人总是得理不饶人，甚至无理也要狡辩三分。俗话说"退一步风平浪静，让三分心平气和"，如果我们都能够像朱小茜那样，在工作中能够做到换位思考的话，对于别人的做法就不难理解了。并且这样一来，我们不仅能赢得别人的尊重，更会提升自己的公众形象。

身在职场，我们应该设身处地地为别人着想，去了解他人、体恤他人，只有这样做，我们才能够在职场中建立起良好的人际关系。用积极的心态去面对一切的挑战，风雨过后就会出现彩虹，黑夜过去就会迎来曙光。

换位思考，真心换真心

换位思考，就是设身处地为他人着想，即想人所想，理解至上。我们都有被冒犯、被误解的时候，如果对此一直耿耿于怀，心中就会有解不开的疙瘩。一般说来，只要不涉及原则性问题，对别人的错误最好宽容一点儿，谅解别人也是让自己释怀。谅解是一种爱护、一种体贴、一种宽容、一种理解！

古往今来，从孔子的"己所不欲，勿施于人"，到《马太福音》的"你们愿意别人怎样待你，你们也要怎样待人"，不同地域、不同种族、不同宗教、不同文化的人们，都对"换位思考"有着相同的理解。

没有人是完全独立的，社会是一个利益共同体，我们每个人都与他人、与外界发生着联系。克鲁泡特金在《互助论》中证明：只有互助性强的生物群才能生存，对人类而言，换位思考是互助的前提。

在和同事相处时，一定要多去欣赏他人的优点，懂得去发现他人的长处，多以赞赏的角度去观察别人，这样不仅有利于你的工作顺利进行，还有利于你工作水平的提高，有利于你事业的发展。

阿禾整天在田间劳动，感到非常辛苦，尤其是在炎热的夏天，他更是感到苦不堪言。阿禾每天去田里劳动都要经过一座庙，看到庙里的德信和尚经常坐在山门前的一棵大树下，悠然地摇着芭蕉扇纳凉，阿禾就很羡慕德信和尚的生活。

一天，阿禾告诉妻子，他也想到庙里去做和尚。阿禾的妻子很聪明，并没有表示反对，只是说："出家做和尚是一件大事，去了就不能回来了。平时我做家务事较多，我明天开始和你一起到田间劳动，跟你学着做农活，并且及早把当前的重要农活做完了，可以让你早些到庙里去。"

从此，两人早上同出，晚上同归。为了不耽误时间，中午妻子提前回家做了饭菜送到田头，在庙前的树荫下两人同吃。时间过得很快，田里的主要农活也完成了，择了吉日，妻子帮阿禾把贴身穿的衣服洗洗补补，打个小包，亲自送阿禾到庙里，并说明了来意。庙里的德信和尚非常诧异，说："我看到你俩早同出，晚同归，中午饭菜送到田头来同吃。家事有商有量，天天有说有笑，我看到你们生活得这样幸福，羡慕得都想还俗了，你反而来做和尚？"

有句俗话说得好：上帝在关闭上一扇门的同时，也给你打开了一扇窗。要学会以欣赏的眼光看待周围的一切。职场上的相处也是如此，要懂得欣赏他人的优点，多给别人一些鼓励，别人将回应你一片晴空。

方子逊是一家服装设计公司的设计师。一天，主管安排方子逊拿着设计草图亲自去拜见客户，恰好方子逊所拜见的几个客户都是服装行业里的高级设计师，虽然这些客户从来没有拒绝见方子逊，但也从来没有认可方子逊所设计的这些草图。经过许多次的失败后，方子逊觉得一定是自己的方法有问题，所以，方子逊决定每星期利用一个晚上的时间去学习一些与人打交道的技巧。后来，方子逊从一本书中看到了这样一句话："尝试着站在他人的角度来解决问题"。这天，方子逊带着新的草图出发了。

这些草图都是没有完工的图样，方子逊拿着这些草图分别拜见了这些设计师。"我想请你帮我一点忙，这里有几张尚未设计完成的图样，请你告诉我，如何做才能更符合你的需要？"

所有设计师都是一言不发地看了一下草图，然后说："把这些草图留在这里，过几天你再来找我。"三天后，他回去找设计师，分别听取了他们的意见，然后把草图带回工作室，按照设计师的意见认真完成。

方子逊说："我原来一直想要让他们买我提供的东西，这是不对的。后来他们提供意见，他们就成了设计人，结果他们自然就都认可了这些草图。"

工作中如果遇到了难题，要想找到好的解决方法，就需要用欣赏的眼光去看待事情。如果你整天因为工作而烦恼，那样你就会变得痛苦不堪。

欣赏他人的优点，就是以一种宽容的心去面对问题，在别人需要你理解的时候，给予别人一个他想要的答案，这样你就不会因为自满而瞧不起他人，而使自己孤立。

　　只要你能换一种方式去思考，换位理解对方，对方也会给我们营造一个和谐的环境，给我们意想不到的惊喜。

　　上天给我们一双明亮的双眼，不是让我们时刻去挑剔别人的缺点，而是让我们懂得以欣赏的眼光来看待问题。只要我们善于去寻找希望，美好的事物总会出现在我们的身边。

肚量大如海，意志坚如钢

胸怀宽广不仅是一种道德修养，也是一门领导艺术。只有包容他人，才能团结各种不同个性的人，从而充分发挥个人的主动性、积极性和创造性，推动事业的不断发展。

凡事顾全大局，讲风格，讲团结，为一个共同的目标而奋斗。同时要理解别人，大千世界是五彩缤纷的，人也是各种各样的，不能像要求自己一样要求别人。宽容别人，因为世上没有十全十美的人，对别人不要求全责备。

将一把盐放在水杯里，你喝水杯里的水时会感觉很咸。但如果你把同样一把盐放到河里，再去舀一杯水喝，你感觉怎么样？一个人的胸襟应该宽广一些，而不要那么狭隘。

有两个人在沙漠中旅行，在途中他们吵架了，其中一个人给了另外一个人一记耳光。被打耳光的人一言不发，在沙子上写下：今天我的朋友打了我一巴掌。他们继续往前走，途中挨巴掌的那个人差点儿被蛇咬伤，幸好朋友先看到了蛇，拉了他一把，他才没有受伤。被救后，他拿了一把剑在石头上刻下：今天我的朋友救了我一命。朋友说："为什么我打了你以后，你把那句话写在沙子里，而现在却把这句话刻在石头上呢？"他笑着回答说："当被别人伤害时，把这件事写在沙里，风会负责抹去它；相反的，如果接受了帮助，我们要把这件事刻在石头上，那么，任何风都不能磨灭它。"

有气度，方能容忍，方能体谅别人、原谅别人，甚至以德报怨，这样的人才能在事业上获得大成就。

"仰高山乃有冲天之志，面歧路乃有行迷之虑。"只有有远大理想的人才能高瞻远瞩，才能养成坚韧的定力，才能在遭受挫折时仍然充满信心，并给同仁鼓舞。

气度还表现在宽广的胸襟。有容乃大，有气度的人往往气定神闲，很少与人辩论。古人说，将军肩上能跑马，宰相肚里能撑船。只有胸怀宽广，才能成就大业。

时近傍晚，一位和尚正在赶路，突然雷声隆隆，天下起了大雨。雨势滂沱，看样子短时间内不会停止，和尚着急四望，所幸不远处有一座庄园，他只好前去求宿一晚，避避风雨。

庄园很大，守门的仆人见是个和尚敲门，冷冷地说："我家老爷向来和僧道无缘，你最好另作打算吧！""雨这么大，附近又没有其他的人家，还是请您行个方便。"和尚恳求着。

"我不能自作主张，等我进去问问老爷的意思。"仆人入内请示，一会儿出来，仍然不肯答应。和尚只好请求在屋檐下暂歇一晚，仆人依旧摇头拒绝。

和尚无奈，便向仆人问明了庄园主人名号，然后冒着大雨，全身湿透地奔回了寺庙。

三年后，庄园老爷生了个儿子。夫人想到庙里上香祈福，老爷便陪着一起出门。到了庙里，老爷忽然瞥见自己的名字被写在一块显眼的长生禄位牌上，心中纳闷，找到一个正在打扫的小和尚，向他打听这是怎么回事。

小和尚笑了笑说："这是我们住持三年前写的，有天他淋着大雨回来，说有位施主和他没有善缘，所以为他写了一块长生禄位。住持天天诵经，希望能和那位施主解冤结、添些善缘，至于详情，我们也都不是很清楚……"

庄园老爷听了这番话，心中既惭愧又不安。后来，他便成了这座寺庙虔诚供养的功德主，终年供奉香火。

胸襟宽广、肚量大的人，明了"大恩与大怨，人我原无两"的道理，环境与他人施予自己的一切恩怨，都能激励启发自己。相反的，心胸狭窄的人，除了求一时之快以外，积累恶缘、阻绝善缘，结果只有逐渐封闭自己未来更多可能的路向。

或许，要想拥有故事中那位住持般的胸怀修为可能不易，然而，"高山仰止，景行行止，虽不能至，心向往之"，以此为人生成长的目标之一，则个人的道路自然无限宽广了。

学会与别人合作

最大限度地开发员工的主观能动性是现代企业适应优胜劣汰法则的必由之路。因此，员工素质的高低就成了企业能否生存与发展的关键。

在一家外贸公司，数十位员工每天在同样的环境下上班，甚至有很多人每天都做着性质相同的工作。但是，他们的待遇却有很大差别。老板眼里"最好的员工"月工资竟是老板眼里最普通员工工资的9倍。在巨大的差距面前，假如你也是其中一员，你会选择做最好的员工还是做普通的员工呢？

可能绝大多数的人都会选择做一个最好的员工。那么，怎样才能做最好的员工呢？是干的活比别人多，吃的饭比别人少吗？是干活时间最长、最细心吗？其实，最好的员工并不是指你在某一方面做得比别人优秀，而是指综合素质比别人突出。

最好的员工工作时从来都是全力以赴，并创造出一般人难以想象的工作奇迹。要么不干，要干就要干到最好，这正是一名优秀的员工所应具备的基本素质。

麦伦教授是海曼的指导教师和老板。海曼的论文主要内容涉及市政的咨询项目，这也是海曼走向咨询行业的第一步。当时，麦伦教授不仅是一名教授，还是城市规划委员会的领导者。

麦伦教授生性豁达开朗，但有一天，麦伦教授严厉地斥责了海曼一番："海曼，你到底是怎么回事？市政厅的一些人向我反映说，你在那里似乎态度很消极，很容易发怒，喜欢批评别人，喜欢抱怨，这到底是怎么回事？"

"教授，你根本想不到，市政府的效率原来这么低下，发展目标也存在着严重的问题，"海曼愤怒地说道，"那里存在的问题实在是太多了！"

"这个发现太了不起了！"麦伦教授揶揄道，"你，海曼，居然发现了我们市政府原来是一个效率低下的政府，真不简单！只是，我要负责任地告诉你，北街角落里的那个杂货店老板早就发现这个问题了，甚至比你发现的还要多，你还有别的烦恼吗？"

显然，麦伦教授的讽刺并没有吓倒海曼。海曼继续愤慨地指出，市政府的许多举措都明显地偏袒那些曾经慷慨捐款的富人。教授听后笑了起来："第二个重大发现！你的评判能力非常高，眼光也很锐利，但我还是不得不遗憾地告诉你，那个杂货店老板也早就发现了这一点。以你目前的状况，我很难给你颁发博士文凭。"

麦伦教授注视着海曼，严肃地说道："请你允许我以一个过来人的身份说一下我的看法。我认为，你目前的言行，对将来有可能成为你的客户的人绝不会有丝毫帮助。现在，我可以给你两种选择：一是你继续愤慨和抱怨，如果你打算选择这一项，我会解除你在市政厅的工作，并且，你永远也别想从我这里拿到你的博士学位；第二，做一个能不断提出建设性、可行性意见和方法的咨询家，而不是批评家，让事情因为有你而变得越来越好。你打算选择哪一项呢？"

海曼毫不犹豫地回答："教授，我知道我错在哪里了。"海曼从教授那里学到了人生中很重要的一课。真正的人才，绝对不会是那种只懂得评判是非、指出对错的人，因为几乎每个人都能够做到这一点。知道不如做到，要做就做最好！真正的人才，是能够让事情变得更好的人。

老板不喜欢较真的员工，这是一个秘密，一个传承了几千年的秘密。中国是一个人情社会，企业要面临各种各样的"关系"。在面对各种"关系"时，老板尚且无可奈何，员工更不能较真。

在企业中老板需要的是"特种兵"。一个最好的员工就应像"特种兵"一样文武双全，而且企业需要的是"特种兵"组合在一起的"军团作战"。因此，一个好的员工成为一个"特种兵"之后，还要学会与别人合作，要有极强的团队精神，这样老板才舍得出大价钱聘用你这个最好的员工，否则，老板就可能发挥他特有的权力，把你"裁"掉。

好员工要有创造一切财富的意识和能力。创新思维是企业发展的动力，创造能力是员工生存的不二法门，一个好的员工必须要具备这种素质。说到底，老板最喜欢的还是能替自己创造财富的员工。只要你能为老板创造财富，你就是一个好员工。做最好的员工，要能赚钱、会赚钱，这是重中之重。

以集体利益为重

要培养团队精神，首先要改变自己高高在上、孤芳自赏的状态，发现别人的长处，并不断向别人学习。要不断反省自己：是否因为有高学历或资历较深就看不起周围的同事？是否自以为高人一等，不屑和同事们为伍？是否会因为自己的意见被否定而心怀不满？是否从来不理睬别人的意见？是否总是独来独往，不喜欢参加集体活动？如果有这样的表现，就说明你已经和同事们拉开了距离，把自己封闭起来了。你需要做的是对自己进行认真的反省，敞开自己的心怀，融入集体中去。

培养团队精神，还要克服那种狭隘的部门观念，避免各自为政。我们知道，凭借个人的力量取得的成就是有限的，而且，现在的企业一般规模较大，通常会把员工划分到不同的部门，组成不同的团队。我们所说的团队精神不仅仅是员工要和自己部门的同事很好地合作，还要和其他部门的同事加强团结，这样，企业的工作才能够顺畅运转。如果各自为政，就会形成一种不协调的状态，各部门之间互相推诿责任，从而造成企业内部力量的消耗。

我们要把自己看作是团队的一分子，并把个人荣誉和团队利益结合起来，与企业荣辱与共，这样才能够克服狭隘的小团队意识，以企业利益为重。

李凯在电力工程设计方面十分有天分，他在一家全国知名的电力公司工作。进入公司一年多，李凯在工作中表现非常突出，技术能力得到了大家的认可，他每次均能够按计划、保证质量地完成项目任务。别人手中的难点问题，只要到了李凯那里，十有八九会迎刃而解。为此，公司对他非常满意，有意提升他为项目主管。

然而，公司在考察中却发现，李凯除了完成自己的项目任务外，从不关心其他事情；他对自己的技术也很保密，很少为别人答疑；对分配给他的任务有时也是挑三拣四，若临时额外给他分配工作，他便流露出非常不乐意的态度。另外，李凯从来都是以各种借口拒不参加公司举办的各种集体活动。

显然，像李凯这样不具备团队精神的员工，自然不能成为主管，公司因此放弃了对他的提拔。

我们永远不要抱怨或指责别人不好接触，更不要故作清高，摆出一副和人老死不相往来的架势。企业虽然是一个工作场所，但没有一个良好的人际氛围，你会信息闭塞、到处碰壁。要清醒地意识到，我们要一切以集体利益为重，很多的工作并不是一个人的努力能独立完成的。

我们一定要抱着良好的心态，真诚地与上司、客户、同事和谐相处。即便你在本部门是出类拔萃的人才，也不可能是一个面面俱到的通才。多借鉴别人的长处，多与他人资源共享，在合作中去创造佳绩，总比单打独斗强上百倍。

融入企业，协作共赢

在这个个性张扬、讲究个人价值的时代，每个员工都有自己的优势，如何最大限度地发挥员工个人的特点，如何将所有员工的优势凝聚成为一种合力，使其所属的团队优势大于员工个人优势相加之和，就成为团队领导需要考虑的问题。企业越来越重视具有团队意识的员工，以增强团队的凝聚力。团结协作，互相取长补短，才能发挥出集体的力量，才能产生巨大的战斗力；反之，彼此各自为政，员工个人的优势将得不到充分发挥，如果员工优势不能融合成一种合力，反而可能影响企业的发展。

聪明的员工融入团队，孤傲的员工被团队抛弃。在团队中，我们不仅要注意培养团队成员之间的感情，与团队成员分享工作经验，更重要的是，我们要始终坚守团队利益在个人利益之上的信条。

融入是一种双方的相互认可、相互接纳，并形成行为方式上的互补互动性和协调一致性。自制力强、感悟力好的人，会融入得自然和谐、顺乎情理，被群体接受的程度就高，因此，就可能会获得更多的发展机遇。在一些企业，总有些员工抱怨自己怀才不遇，感叹工作环境不好，无法融入团队而频繁地跳槽，因为他们没有找到自己与工作不合拍的根源，也就没有想办法去解决它。在一个团队中，每个成员的优缺点都不尽相同，我们应该时常检查一下自己的缺点，比如我们是不是对人态度冷漠；我们是不是言辞锋利；我们是不是经常以个人为中心考虑问题，从不考虑他人的感受；我们是不是首先计算个人得失，不考虑团队的利益损失。这些缺点在团队办作中会成为我们进一步成长的障碍。如果我们意识到了自己的缺点，就要注意改正。

索尼公司创始人之一井深大刚进索尼公司时，索尼还是一个只有20多人的小企业。但老板立田昭夫却充满信心地对他说："我知道你是一个优秀的电子技术专家，我要把你安排在最重要的岗位上，由你来全权负责新产品的研发，怎么样？"

"我？我还很不成熟，虽然我很愿意担此重任，但实在怕有负重托呀！"

"每个人对新的领域都不熟悉，关键在于你要和大家联起手来，还能有什么困难不能战胜呢？"立田昭夫说。

井深大豁然开朗："对呀，我怎么光想自己？不是还有20多名员工吗？为什么不虚心向他们求教，和他们一同奋斗呢？"

井深大找到市场部的同事一同探讨产品销路不畅的原因，同事们告诉他："磁带录音机之所以不好销，一是太笨重，二是价钱太贵，一般人很难接受，你能不能往轻便和低价上考虑对策？"井深大点头称是。

然后，他又找到信息部的同事了解情况，得知采用晶体管生产技术可以大大降低成本。信息部的人还告诉他："目前美国已经采用晶体管技术，而且非常轻便。我们建议你在这方面下功夫。"他回答："谢谢。我会朝着这方面努力的！"在研制过程中，井深大又和生产第一线的工人团结合作，终于一同攻克了一道道技术难关，在1954年试制成功日本最早的晶体管收音机，并成功地推向市场。索尼公司由此开始了企业发展的新纪元！

井深大在索尼公司中充分地发挥了自己的作用，调动了每一个员工的积极性，把团队的力量发挥到了极致，终于取得了伟大的成就，而他自己也荣升为索尼公司的副总裁，让索尼公司在激烈的市场竞争中始终处于领先地位。

由此可见，只有具备团队协作精神的企业，才会形成一种无形的向心力、凝聚力、战斗力和创造力。一个优秀的员工，一定产生于一个优秀的团队，而只有融入团队，视团队的利益为己任，才能造就一个优秀的自我。

任何时候都需要团队精神

一个人的力量是渺小的，也是有限的，只有充分调动每个员工的积极性和能动性，才能发挥团队的力量。

一个企业，如能让所有员工上下一心，那么，这个企业一定能够在某一领域独占鳌头，并且不断做大做强。团队合作往往能激发出团体不可思议的潜力，集体协作干出的成果往往能超过成员个人业绩的总和。

对企业而言，一个人的成功不是真正的成功，团队的成功才是最大的成功。个人主义在职场上是根本行不通的，作为职场中的个体，你可能会凭借自己的才能取得一定的成绩，但你绝不会取得更大的成功。

一家全球500强的大公司招聘高层管理人员。12名优秀应聘者经过初试，从上百人中脱颖而出，进入了由公司老总亲自把关的复试。

老总看过这12人详细的资料和初试成绩后，相当满意。但此次招聘只能录取4个人，于是老总给大家出了最后一道题。

老总把这12个人随机分成A、B、C三组，指定A组的4个人去调查本市婴儿用品市场；B组的4个人去调查妇女用品市场；C组的4个人去调查老年人用品市场。

老总说："我们的人员必须对市场有敏锐的观察力。让大家调查这些行业，是想看看大家对一个新行业的适应能力。每个小组的成员务必全力以赴。为避免大家盲目开展调查，秘书准备了一份相关行业的资料，你们到秘书那里去取。"

两天后，12个人都把自己的市场分析报告送到了老总那里。老总看完后，站起身来，走向C组的4个人，分别与之一一握手，并祝贺道："恭喜4位，你们已经被本公司录取了。"老总解释说："请大家打开我叫秘书给你们的资料，互相看看。"

原来，每个人得到的资料都不一样，A组的4个人得到的分别是本市婴儿用品市场过去、现在和将来的分析，其他两组也类似。

老总说："C组的4个人很聪明，互相借用了对方的资料，补充了自己的分析报告。而A、B两组的人却单独行动。这个题目最主要的目的是想看看大家的团队合作意识。A、B两组失败的原因在于他们没有合作，忽视了队友的存在。要知道，团队合作精神才是现代企业成功的关键。"

现代企业招聘员工有一套很严格的标准，他们对员工最基本的要求就是要有团队精神。就算这个人是天才，如果其团队精神比较差，这种人也没有企业愿意用。

一个人可以凭借自己的能力取得一定的成就，但如果把自己的能力与别人的能力结合起来，就会取得更大的令人意想不到的成就。

尤海大学毕业后应聘到一家公司上班。上班的第一天，老板就分配给尤海一项任务：为一家知名企业做一个广告策划方案。

尤海不敢怠慢，埋头认认真真地做起来。尤海苦思冥想，独自摸索了近半个月，还是没有弄出一点儿眉目来。显然，这是一件他难以独立完成的工作。老板交给尤海这样一份工作的目的是为了考察他是否有合作精神，而尤海既不请教老板，也不懂得与同事合作，只是凭自己一个人的力量去蛮干，当然拿不出一个合格的方案来。

作为一个个体，即使你才华横溢，如果不依靠团队的力量，仅靠自己，你也难以创造出令人满意的业绩。

"独行侠"和单打独斗的时代已经一去不复返了，在竞争日趋激烈的今天，靠一个人的力量显然是无法获得成功的。

第五章
做最勤奋的员工

　　无论你天资如何，只要你努力勤奋，你就一定能获得成功。勤能补拙，在现实生活中，我们不难发现，最终成功的人，不一定是最聪明的人，但无一不是勤奋的人。

对工作充满热忱的态度

拿破仑·希尔给青年人的忠告：永远也不要让自己失去那份应有的热忱，只有保持一颗热忱之心，你才能创造奇迹。

一个拥有热忱之心的人，不论干什么工作，都会认为自己的工作是神圣的。对工作热忱的人，不论在工作中会遇到多少困难，始终会用不急不躁的态度去对待。只要抱着这种态度，任何人都会成功。爱默生说过："有史以来，没有任何一件伟大的事业不是因为有一颗热忱之心而成功的。"

两个人具有完全相同的才能，必定是更热情的那个人才会取得更大的成就。热忱一方面是一种自发力量，同时又能帮助你集中全身力量去投身于工作。

张越是一家大型公司的销售人员，他曾经以热忱之心和一个难缠的客户董先生建立了生意往来。

那位董先生非常粗鲁无礼，并且经常大发脾气。见了两次面，董先生都拒绝听张越的解说。

但是，张越还是要再见董先生一次。那一次，董先生又在发脾气，站在桌子前面向另一个推销员大声吼叫。董先生的脸涨得通红，而那个可怜的推销员正浑身抖个不停。张越决心表现出自己的热忱，于是，他走进董先生的办公室。

董先生大声地说："怎么又是你？你要干什么？烦不烦啊？"张越以平静的声音和最热忱的态度对董先生说："我有一个美好的计划推荐给您。"

董先生站在办公桌后面没有说话，他以很不解的眼光看着张越，然后说："我还有事，你可以坐在这里等我。"

一个半小时以后，董先生回来了，看到张越，他惊讶地说："你怎么还在这里呀？"张越非常礼貌地说："我有非常好的计划提供给您，因此，我必须要向您介绍这个计划之后才会离开。"

董先生愣了一下，然后坐下来认真地看张越的资料。结果，董先生在合约上签了字，后来，董先生成了张越的大客户。

没有一颗热忱之心，无论做什么事都不会顺利。热忱是一种待人接物的良好心态，也是一种激发自身潜能的巨大力量。

全身心地投入工作

没有激情就没有动力，要想在职场中取胜，我们必须要充满激情地投入到工作中去。激情是什么？《辞海》释：激情是一种强烈的、具有爆发性的、难以抑制的感情。激情就是一种态度、一种精神、一种责任、一种追求、一种境界、一种动力。

1950年8月，邓稼先在美国获得博士学位后，谢绝了恩师和同校好友的挽留，毅然决定回国。同年10月，邓稼先来到中国科学院近代物理研究所任研究员。此后的八年间，他进行了中国原子核理论的研究。

1958年秋，邓稼先参与了一项秘密研发工作，他告别妻子，远走戈壁。从此，邓稼先的名字便在各种刊物中消失，他的身影只出现在警卫森严的大漠戈壁。

邓稼先担任了原子弹的理论设计负责人，一面部署同事们分头研究计算，自己也带头攻关，解决了关系中国原子弹试验成败的关键性难题。邓稼先不仅在秘密科研院所里费尽心血，还经常到飞沙走石的戈壁试验场亲自做试验。

1964年10月，中国成功爆炸的第一颗原子弹，就是由邓稼先最后签字确定了设计方案。他还率领研究人员在试验后迅速进入爆炸现场采样，以证实效果。他又同于敏等人投入对氢弹的研究。按照"邓—于方案"，最后终于制成了氢弹，并于原子弹爆炸后的两年零八个月试验成功。

邓稼先虽长期担任核试验的领导工作，却本着对工作极端负责任的精神，在最关键、最危险的时候出现在第一线。例如，核武器插雷管、铀球加工等生死系于一发的危险时刻，他都站在操作人员身边，既加强了管理，又给作业者以极大的鼓励。

一个人要想在职场上取得成就，首先就要用全部的激情来工作。很多人动辄以"没有激情"为由放弃了工作和生活中本应属于我们的那一缕朝阳，也常常以"缺少激情"为由逃避工作中一个又一个的问题。要知道，成功的机会都是自己争取来的。如果我们抛弃了激情，把责任推给别人，把困难推给别人，那么，属于我们的机会也就成了别人的。

比尔·盖茨每天工作十六七个小时，大家都觉得他是一个工作狂。有人去跟他讨论工作时，他会非常愿意；如果你问他一个跟工作不相关的问题，他马上就失去了兴致，他觉得这个事情没有意义。比尔·盖茨对公司业绩要求很高，比如说一般公司市场占有率如果达到82%，人们就会觉得业绩已经非常好了，可是比尔·盖茨的第一反应是剩下18%的市场占有率被哪家公司占领了。比尔·盖茨还经常去演讲，去宣传他的数字神经系统的概念。他出了两本书，第一本书叫作《拥抱未来》，重在阐述信息高速公路的远景；第二本书叫作《数字精神系统》，重在阐述一个数字化时代的到来。由于对工作无比热爱，所以，比尔·盖茨总是充满激情。

激情来自于自我修炼，通过不断告诫自己以积极正面的态度看问题，从而让自己拥有积极的心态，让一切变得更加美好，而更美好的工作与生活会更加激发出人的激情。

柳腾现在是一家知名企业的负责人，回想这么多年的职业历程，柳腾颇有感触。在一次员工培训中，柳腾讲了一件自己亲身经历的事情。

柳腾大学刚毕业时在一家公司当小职员。柳腾激情万丈，每天都准备着想要在公司大展拳脚。可时间长了他才发现，上司派给他的都是一些琐碎的"杂活"，不需要费太多脑筋，也看不出什么成果，柳腾的心就不知不觉冷了下来。

一次，董事长要召开公司大会，柳腾所在的部门彻夜准备文件，分配给柳腾的工作是打印与整理。上司千叮咛万嘱咐："一定要做好准备，别到时措手不及。"柳腾听了不屑一顾，心想："中学生也会的事，还用得着这样嘱咐？"

那天，柳腾去外面吃了夜宵，还去KTV唱了歌，才摇晃着回来。看到同事们忙忙碌碌，柳腾不仅不帮忙，还从心里感觉到厌烦。等到凌晨一点，同事们将文件做好，交到柳腾手里，柳腾才慢条斯理地打开打印机，开始一份份地打印文件。没想到只打印了十几份，打印纸就用完了。

柳腾漫不经心地抽开打印纸盒，看到里面是空的，他这才慌了，文件必须在明早大会开始前交给董事长秘书。见此情景，柳腾的上司咆哮道："你在准备什么呢？你就这么对待工作吗？"

上司的确很着急，如果文件不提前打印出来，后面的程序都无法进行。柳腾匆匆跑出去买打印纸，最后几经周折，天快亮时，他才在一家文具店买了打印纸。终于，在早晨八点之前，他把打印好的文件交给了秘书。

事后，柳腾灰头土脸等着挨训，没想到，总是板着脸的上司这时只是说了一句："记住，以后要以十分的激情迎接三分的工作。"

这是柳腾一生最受用的话。柳腾说："用十分的激情迎接三分的工作并非浪费，而以三分的态度面对十分的工作，将带来不可逆转的恶果。"

领导在评估一个人的时候，除了考虑才干和能力，还非常看重一个人工作的激情。要是你没有能力，却有激情，还可以使有才能的人聚集到你身边来。假如你没有资金或设备，若你有激情说服别人，还是有人会回应你的梦想。

如果你失去了激情，要想在职场中成长，就会是非常困难的事情。一个没有激情的画家难以画出流传千古的名作，一个没有激情的乐手只能演奏出单调的音符，不会将听众带入音乐的圣殿。同样，没有激情的工作者只是能够单纯地将一件事情做完，但是要做好却很难，因为没有激情的引导，我们就很难有动力去寻找优化的途径。

　　长久的工作热情，源于自身的不懈努力。全心全意做好自己的本职工作，工作出色了，有了业绩，自然会产生成就感和优越感，也就有了工作的动力。

保持迎难而上的锐气

困难和挫折是检验一名员工韧性和毅力的试金石，弱者在它们面前低下头，降低自己的目标，或者干脆放弃自己的梦想；而强者则迎难而上，将困难和挫折当作自己工作道路上一道独特的风景，在它们面前永不低头，凭借坚强的意志和坚韧的毅力，最终将它们踩在脚下。

作为一名职场员工，在任何情况下，都要对自己充满信心。不管面对怎样的压力和挑战，都要对自己说：我能做到，我很棒，我是最好的。面对挫折，每个人的方法都是不一样的。孙武在挫折中写出了《孙子兵法》，巴菲特在熊市中找到机会，霍金则在困难中发现了黑洞……种种的事例可见，成功者之所以成功，是他们都能做到迎难而上。只有凭自己无畏困难的勇气和刻苦工作的精神，我们才能获得成功的机会。

任何事情都不可能一帆风顺，所以，我们更应该一次次在失败中站起来。保持迎难而上的锐气，困难才会远离，成功也就会离我们越来越近。

潘刚大学毕业后，被分配到一家食品厂车间当工人，一年后，潘刚去金川地区筹建冰淇淋厂质检部。当时条件非常艰苦，没有住的地方，也没有公交车，潘刚每天骑着自行车上班。潘刚没觉得这样的困难多可怕，1992年，冰淇淋的生产一切顺利，就在此时，潘刚毫无怨言地带着几名大学生来到乌素图一个更偏远的地区收购了一家倒闭的工厂，决定筹建矿泉水饮料公司。

2004年12月17日，食品厂爆发了自成立以来的最大危机，高管人员因涉嫌挪用公款被刑事拘留，随后又被正式逮捕。一时间，公司上下人心惶惶。危机时刻，潘刚没有逃避，而是主动承担责任，他率领公司人员努力拼搏，前三个季度公司销售收入超越了2004年全年水平，赢利能力大幅提升。

最终，在随后的股东大会董事候选人表决中，潘刚以全票当选董事，进而全票当选为董事长。

一路风雨兼程走过来，回首过往，潘刚说："公司给了我太好的平台，我几乎每年迎接一个困难。走过一路风雨，我得到了锻炼。"

培养自己在困难面前的耐受力，寻找正确处理问题的办法，提高自己的工作能力。工作中的困难和挫折时刻都在和你进行博弈，你越是惧怕它，它就越是会紧紧围绕着你；如果你不把它当回事，它反倒会远离你。

工作有难有易，标准有高有低。不少人出于一种得过且过、不思进取的惰性，结果差强人意，表现每况愈下，很难有大的成就。因此，不管我们从事何种工作，遇见怎么样的困难，只要有可能，就应想方设法解决工作中的问题。保持迎难而上的锐气，你的工作能力将会出类拔萃，你个人的价值便会不断提升，成功也会不期而至。

工作中的困难无处不在，但有困难并不可怕，可怕的是在困难面前迷失了自己，没有了迎难而上的勇气，不知道该何去何从。面对困难时，应该明白自己所处的位置，不断地去努力，不断地向上攀，不断地去完善自己。工作中明白自己的不足之处，找出自己的缺点，发现自己的不足，再针对这些不足去改变自己，让自己不断地得到提升，你就是一名优秀的员工。

严谨的工作态度才能保证高质量

哲人曾说："严谨的态度能够弥补智力上的缺陷。"严谨，作为一种生活态度，它是一个人从事任何一项事业、做好任何一件事情所必须拥有的态度。

在现实生活中，无论我们做什么事，都需要有严谨态度，只有这样，才能保证做事的高质量。相反，如果没有时刻保持严谨的态度，则会付出巨大的代价。

一天，俄国生理学家巴甫洛夫的一位学生兴高采烈地对他说："尊敬的老师，经过长时间的实验，我可以证明动物在长期饥饿以后，仍然会有消化液流入消化道。"

巴甫洛夫摇头断然否定："不大可能有这样的事。"

学生只好回去再一次进行深入研究，然后带着实验的数据记录和图像曲线来见老师。

巴甫洛夫摇摇头，说："我觉得这令人难以置信，但我愿意亲自做实验检验一下。当没有足够令人信服的证据时，我无法了解这种分泌的意义。这种情况下，我绝对不会苟同别人的观点。"

为了检验学生的实验结果，巴甫洛夫反复实验，最后，他得到的数据和曲线终于证明学生的实验结果是正确的。

当这个学生再次到来时，巴甫洛夫兴奋地说："你是对的！我恭喜你！你果然发现了一个非常重要的现象，这一结论完全可以用到你的博士论文里。"

巴甫洛夫严谨的科学态度值得我们学习。不过在一般人的印象中，严谨者做事认认真真，做什么事情都要消耗很长时间，效率很低，其实这是一种错误的认知。严谨者往往力求做事做到位，可能会在开始时拖延一点时间，然而，一旦完成目标，那么这个目标就是实实在在的。

相反，做事习惯于敷衍或者只图一时之快而马马虎虎者，虽然完成了眼前的任务，但实际上并没有达到真正的目标，带来的后患是无穷的，会导致一个目标无限期拖延。如果一切重新开始，又会浪费大量的人力物力，同时也会丧失大好机会。

要明白，世界上只有平凡的人，没有平凡的工作。不管做什么工作，关键是要看你用什么样的态度对待它，用什么样的方法完成它。即使是一件小事，只要以严谨的态度对待它，也可能因此获得成功。

在1773年以前，瑞典化学家舍勒就通过实验制取了纯净的氧气。但是，作为"燃素学说"的忠实信徒，他错误地把这种气体叫作"火气"，并且认为燃烧是火气与燃烧物中的燃素结合的过程，火和热是火气与燃素化合的产物，从而未能正确地解释燃烧现象。

与此同时，英国化学家普里斯特利也通过实验制取了氧气。他把蜡烛放在这种气体中，发现火焰比在空气中更加炽热明亮。他亲自尝试了一下，一吸进去，便觉得呼吸畅快了许多，人感到格外舒畅。但他却没有对此继续研究，而是开始了在欧洲大陆的度假旅行。

这两位科学家本来已经敲开了科学的大门，但他们不以为然，随手关闭了面前的门。于是，机遇的大门向拉瓦锡张开了怀抱。拉瓦锡得出结论：原来，在没有密封的燃烧当中，空气中有一种新的物质元素参与了反应，使得物质燃烧前后重量不一。为此，他将这种气体命名为酸素，也就是我们今天所说的氧气。

在现实生活中，我们无论做什么事，都需要有严谨的态度，只有做事细致认真、一丝不苟，才能保证做事的高质量。只有这样，我们才能取得成功。养成严谨的作风，会使人终身受益，会有助于你在事业上获得成功。

三年前，澎俞还在一家营销策划公司工作。当时，澎俞的一位朋友找到他，说自己的公司想做一个小规模的市场调查。朋友说，这个市场调查很简单，希望澎俞能把业务接下来，最后的调查报告由澎俞把关，当然，他也会给澎俞一笔钱作为报酬。

调查报告出来以后，澎俞明显看出了其中的漏洞，但他只是做了些文字加工和修改，就把它交上去了。

后来，几位朋友邀请澎俞组成一个项目小组，共同去完成一家大型娱乐场所的整体营销方案。没想到，对方业务主管明确提出对澎俞的印象不好，因为之前澎俞把关的调查质量很差。原来这位主管正是当年那个市场调查项目的委托人。听到这个消息后，澎俞后悔莫及，但为时已晚。

洛克菲勒曾给西部一个炼油厂的经理写过一封信，他严厉质问："为什么你们提炼一加仑油要花1分8厘2毫，而另一个炼油厂却只需9厘？"这样的信还有："本月初送塞子给贵厂10000个。本月份用去8410个，却报告现存1012个，其他578个塞子哪里去了？"这样的信据说洛克菲勒写过上千封。他就是这样分析出公司的生产经营状况，从而有效地经营着他的石油帝国。

洛克菲勒这种严谨的工作作风是在年轻时养成的。他16岁初涉商海，在一家商行当簿记员。他说："我从16岁开始参加工作就记收入支出账，记了一辈子。如果不这样做，钱多半会从我的指缝中溜走。"

由此，我们可以看出：超乎寻常的严谨是减少错误的最好方式，是成功的可靠保障。对待任何工作，只要我们始终抱着严谨的态度，就没有什么是做不好的。

积极进取让生命充满阳光

一个人的心胸有多大，舞台就有多大。有了进取心，我们才可以充分挖掘自己的潜能，实现人生的价值。我们才能把挫折当作音符，谱写出人生的激情之歌。

进取心是人类智慧的源泉，它就像是从一个人的灵魂里高竖在这个世界上的天线，通过它可以不断地接收和了解来自各方面的信息。它是威力最强大的引擎，是决定我们成就的标杆，是生命的活力之源。

斯蒂芬逊出生于贫民家庭，他八岁就去给人家放牛，十岁时在煤矿上做些零活，十四岁就跟随父亲到煤矿工作。在煤矿，斯蒂芬逊从事着最艰苦的劳动，他下定决心，一定要发明一种能够不用人力运煤的机器。

1801年，英国人特勒维制造出第一台蒸汽机车。这部机车试车时不是在铁轨上，而是在马路上。很多人嘲笑特勒维说："你的火车还不如我的马车跑得快呢。"特勒维在打击之下，便不再去研制火车了。

斯蒂芬逊却来了兴趣。他找到特勒维，要跟他学习研制火车。特勒维说："你如果不怕被人嘲笑，就一个人去研制火车吧，我受不起大家的攻击了。"斯蒂芬逊想，煤矿上的蒸汽机能把深井里的水抽上来，特勒维制造的机车能拉动十几吨重的东西，这力量是从哪里来的呢？他仔细观察，反复思考，悟出了其中的奥妙：火车拉得多、跑得快，全靠蒸汽机。

为了掌握蒸汽机的原理，斯蒂芬逊长途跋涉，步行1000多公里，来到瓦特的故乡苏格兰，在那里学习研究了一年。斯蒂芬逊在总结和掌握了前人制造蒸汽机车的经验教训以后，终于在1814年制造出了他的第一台蒸汽机车——"布鲁海尔"号。

同年七月，斯蒂芬逊进行了第一次试车。这辆火车头运行在平滑的轨道上，载重30吨，牵引着8节车厢，行驶时不会脱轨，但行驶的速度很慢。由于没有装配弹簧，车开起后，震动得很厉害。

斯蒂芬逊没有因为试车结果的不理想而气馁，他又对火车头继续进行研究和改进。1825年9月27日，斯蒂芬逊制造的"旅行1号"机车在斯托克顿—达灵顿铁路上试车。斯蒂芬逊操纵着机车，蒸汽引擎吸入大量气体，又放出部分蒸汽，呼呼作响。老人、妇女和儿童惊恐万分，都认为机车即将爆炸，观察了一会儿，见没有什么动静，他们才又走近观看。这次试车的成功，使铁路运输登上了历史舞台。

只要能以积极主动的态度鞭策自己不断前进，就会使自己从激烈的竞争中脱颖而出。流水不腐，户枢不蠹，成功的人都懂得这个道理，所以，他们害怕退步、恐惧落伍，总是力求让自己每天都有所进步。

森昊与佟铭颐同时受聘于一家公司。森昊是名牌大学管理专业毕业，佟铭颐则来自一所普通院校。

开始时，森昊与佟铭颐的工作起点都是一样的。一段时间过后，经理发现，森昊虽然在大学里很优秀，也能按部就班地执行工作任务，但是好像过于自信，不喜欢征询别人的建议。而佟铭颐似乎是觉得自己的学历背景很一般，很有压力，所以每天都仔细地观察别人如何完成工作，并征求领导的建议。

有一次，经理加班到晚上10点，正要离开办公室，看到佟铭颐还在，就问他怎么这么晚还没走。佟铭颐告诉经理，他觉得自己完成工作有些吃力，所以就每天晚上在网站找些学习资料，提高自己的业务水平。经理点了点头，给佟铭颐推荐了两个不错的专业网站，就离开了公司。

一年过后，森昊与佟铭颐在工作能力上的差别逐渐显露出来。森昊和刚入公司时一样，没有太大的提高。而经理交给佟铭颐的任务，佟铭颐总能又快又好地完成。令人惊奇的是，佟铭颐还提出了很多改进公司、创造效益的好点子，其中有一些被采用之后效果很好。经过上下的一致认同，佟铭颐被提拔为部门的负责人。

所以说，不管自己以前怎样，都要记得勤奋、努力向上，安于现状只能像森昊一样停留在最初的水平，跟不上发展的脚步。人在职场中，犹如逆水行舟，不进则退。只有每天保持着进取之心，每天都努力上进，才会有更多的希望。

勤奋比天才更可靠

古人云："吃得苦中苦，方为人上人。"大多数成功者的背后都有一部血汗史。要知道，任何人都要经过不懈的努力才能有所收获，收获的成果大小取决于这个人努力的程度。也许你觉得自己很聪明，那么，假设果真如此，你就应该为聪明插上勤奋的翅膀，这样，你才能飞得更高更远。如果你还不够聪明，你就更应该勤奋，因为"勤能补拙"。在现实生活中，我们不难发现，最终成功的人，不一定是最聪明的人，但无一不是勤奋的人。在漫长的人生道路上，勤奋比天才更可靠。

博格斯从小就热爱篮球运动，他希望有朝一日能够参加NBA的比赛。博格斯的父母认为这不切实际，因为博格斯的身高一直以来都比同龄人矮得多。以他的身体条件，也许可以把打篮球当成一种业余爱好，但要想成为NBA的篮球巨星，则无异于白日做梦。因此，父母劝告他要打消这个念头，周围的邻居们听到博格斯的这个愿望也都付之一笑。

博格斯不甘心放弃这个梦想。为了实现梦想，博格斯一直以来都坚持不懈地练习投篮、运球、传球等技巧，同时也加强体能锻炼，几乎每天人们都能看到他在球场上与不同的人进行篮球比赛。

凭着长期以来的锻炼，博格斯的篮球技能已经为自己赢得了很多荣誉。但尽管如此，人们还是对博格斯要参加NBA比赛的梦想嗤之以鼻，因为此时博格斯的个子也不过一米六。但是，博格斯却认定了自己的理想，并且决定一步一步地向着理想迈进。

博格斯用比一般人多出几倍的时间来练习篮球技巧，每一次练习他都投入百分之百的精力。功夫不负有心人，博格斯终于成为镇上有名的篮球运动员，代表全镇参加过多次比赛。后来，博格斯又成为全州最出色的全能篮球运动员之一，而且还是最佳的控球后卫。再后来，博格斯如愿以偿，成了NBA夏洛特黄蜂队的一名球员。

生活就像一杯苦咖啡，在你品尝之时有苦涩之感，品尝之余口齿留香。现在很多人都在致力于寻求成功的捷径，而忽视了成功最根本的途径——勤奋。其实，不管时代怎么变化，勤奋都是成功的根本之道。

电报业巨子萨尔诺夫出身贫寒。读小学的时候，他就不得不利用放学时间及假日做工，挣点钱贴补家用。后来，父亲因为常年辛苦而积劳成疾去世了，萨尔诺夫只好辍学做了童工。

15岁的萨尔诺夫步入社会，挑起了全家生活的重担。他一边赚取微薄的工资贴补家用，一边开始自学。后来，萨尔诺夫在一家邮电局找到了一份送电报的工作。他工作异常辛苦，一天要送二十几份电报。为了一份电报，他有时要跑上很远的路。他回到家时，常常已经是深夜两三点了。为了多送几份电报，萨尔诺夫又不得不在早晨五六点钟赶到电报大楼。但萨尔诺夫始终没有忘记将来要做一番事业的愿望，于是，他开始学习当时几乎没有几个人掌握的国际莫尔斯电码操作方法。萨尔诺夫挤出时间来学习。当时只有初中文化程度的他，要学习这样的先进技术，其难度可想而知。萨尔诺夫凭着决心和毅力，学会了莫尔斯电码操作方法，被破格提升为报务员。

在公司的研究所，萨尔诺夫完成了电气工程学学业，成为当时世界功率最强的电台——马可尼无线电公司的收发报员。在震惊世界的大型豪华客轮"泰坦尼克"号遇难时，萨尔诺夫是世界上第一个收到沉船信息的人。长期的电报工作让萨尔诺夫敏锐地发现，无线电技术的市场化具有广阔的前景，公司也认为他具备了经理人的思维，萨尔诺夫30岁那年，升任无线电公司这所特大型高科技公司的总经理。

只有具有吃苦耐劳的品质，才能在人生的道路上不畏艰险，取得非凡的成就。

小薰从高中毕业后，进入一家书店当营业员。小薰工作勤奋，不断地读书，而且常常积极主动地做一些分外事。小薰说："我并不仅仅只做我分内的工作，而是努力去做我力所能及的一切工作，并且是一心一意地去做。我想让老板承认，我是一个比他想象中更加有用的人。"

后来，老板见小薰很踏实，就介绍小薰到朋友的一家小报做采编人员。在那儿，小薰一个月挣的工资仅仅能够维持自己日常的生活，但小薰仍然每天平均工作12个小时。小薰曾在日记中写道："为了收获成功，我必须比其他人更努力地工作。""当我的伙伴们在商场、在电影院时，我必须在房间里；当他们在熟睡时，我必须在学习。"几年后，小薰成了一家报社的总编。

总之，命运是自己掌握的，只有勤奋才能磨尖你才华的刀刃，让你在生命的海洋中劈波斩浪。

勤奋是获得成功最稳妥的办法

天才出自勤奋。当然，并不是说，如果没有一点点天赋，或者没有一定的基础，光靠勤奋本身就可以创造出天才。这里强调的是，即使一个智力普通的人，只要他认真锻炼自己的能力，掌握必要的技巧，付出艰辛的努力，同样可以取得成功。

一位智者说："一个中等智力水平的人，只要踏踏实实、坚持不懈，也要比反复无常、浅尝辄止的天才更值得尊敬与赞扬。"有些人的确天赋不错，但对绝大多数人来说，勤能补拙。一分耕耘，一分收获。很多天资聪慧却疏于劳作的人，只靠想象期待奇迹会出现，而不是付出劳动去争取，最终还是两手空空、一无所获。

企业中总会有那么一些员工，他们具有良好的天赋，他们学习能力很强，工作很快能上手，并能获得一个满意的开局。这时候，他们会看看周围的同事，心里想："你看我才来三个月，就有好几个订单，他们到现在还没有开张，领导一定很欣赏我。"于是，他们就开始懈怠，开始对自己的成绩沾沾自喜。再过几个月，等其他同事也陆续有订单了，特别是当有人的业绩已经超过他们的时候，他们才开始紧张。但是，订单不是在前面等他，没有客户数量的积累，怎么会有新的订单呢？他们没有了自负，同时也失去了对这份工作的信心。

伊雷内在计划开办火药厂的时候，大家以为他在异想天开，因为他没有资金、厂房、设备。他自己也知道，自己不可能像小时候那样用试管和药水把火药生产出来。

于是，他四处游说，寻求支持。"不管我的支持者在哪儿，我一定会找到的。"整整两年，他走遍美国、法国、英国……向投资者描述火药生产的前景。他的努力终于得到法国政府的支持，法国政府给伊雷尔提供了先进的生产技术和设备，还督促银行家投资。

1802年4月，生产火药的杜邦公司成立了，这只是个开头。生产和经营中需要解决的问题还有很多。伊雷内亲自设计厂房的结构，让它最大限度地降低发生爆炸的可能性。他对工厂的建设投入极大的热情，天天在工地指挥基建和设备安装。经过一年紧张的准备工作，火药厂开工了。但是，产品的实际生产与实验室的研究还是有差距，为了生产出合格的火药，伊雷内全身心投入在产品的研制和试验中，整整一年，伊雷内都在工厂反复地改进工艺。

1804年，杜邦公司的火药终于成功问世。由于其良好的性能，订单像雪片般飞来了。1805年，美国政府将杜邦公司定为军方火药的定点生产企业。

伊雷内在晚年回首社邦创业的经历时说道："并不是什么天赋，是努力工作让我取得了现在的成就。

勤奋比天赋更重要。在现代社会里，有些靠天赋取得的成绩，同样可以通过勤奋获得；而靠勤劳取得的成就，靠"天赋"就无法得到。对于身在职场的我们来说，想靠耍小聪明、投机取巧就想赢得成功是根本不可能的。

其实，大多数领导并不是生来就拥有财富，他们都是从职场中打拼出来的。我们经常遇到这样的情况，某一天，我们比平时早到公司一个小时，发现领导办公室的门开着，里面传来领导与人通电话的声音；当我们下班的时候，领导还在办公室工作。也许，我们会想：公司是他的，所以领导会那么勤奋，如果哪天我自己当了领导也一样。可是别忘了一点，正是勤奋让他拥有了财富。

第六章
做效率最高的员工

要做到高效率工作，首先要确定自己的工作目标，然后科学管理自己的工作时间，改正不良的工作习惯，优化实施工作流程，不断提高工作技能。

科学安排时间

有经验的投资者可以将长期投资与短期投资、分散投资与一次性投资、风险投资与稳健投资等合理地结合起来，以求获得最大的收益。那么，时间的管理又何尝不是这样呢？每个人的时间都是一定的，但科学管理时间与盲目利用时间取得的工作成效显然是不一样的。

四个20岁的年轻人去银行贷款，银行答应借给他们每人一笔巨款，条件是他们必须在50年内还清本息。

第一个年轻人想享受25年，用生命的最后25年拼命工作偿还贷款。结果他活到70岁都一事无成，死时仍然负债累累。他的名字叫"懒惰"。

第二个年轻人用前25年拼命工作，50岁时他还清了所有的欠款，但是那一天他却累倒了，不久就死了。他的遗照旁放着一个小牌，上面写着他的名字"狂热"。

第三个年轻人在70岁时还清了债务，然后没过几天他就去世了，他的死亡通知上写着他的名字"执着"。

第四个年轻人工作了50年，70岁时他还完了所有的债务。但在这50年中，他成了一个旅行家。90岁死去的时候，他面带微笑，人们至今都记得他的名字——"从容"。

单从时间的安排上来看，显然，那个叫"从容"的年轻人的时间安排是科学的，他将长期计划与短期计划合理地搭配起来，还给自己设置了旅游档期。这样，他既还清了贷款，又享受了生活，提高了生命的质量。

第一个年轻人的时间安排不合适，他没有考虑到自身的条件。人是需要休息的，人的年龄越大，能承受的工作强度越小。在他精力最旺盛的时候，他却把时间花在了享受上。把事情拖到最后一分钟完成，有可能在两个小时完成八个小时的工作，表面上看是提高了工作效率，但却忽略了另一个方面，那就是劳动者的身体健康及工作成效。美国有一项调查，等到最后一秒钟才去申报税款的人，由于容易出错，因此，平均每人要承受400美元的损失，仓促间完成出现的错误率要远远高于从容地完成出现的错误率。

第二个年轻人与之相反，他是那种拼命工作的人，他同样也没有安排好自己的人生。

第三个年轻人感觉债务成了他最大的压力，他为了还债而还债，就像当今生活中为了工作而工作的人，他们没有理想，感受不到生活的乐趣。

我们不妨从生命的质量与工作效率这两方面来想想，我们是哪类人呢？

在职场上，我们往往面临着大量的工作，因此，我们必须对工作进行梳理，合理安排好工作。

在一次销售策略培训会上，有学员问一名首席销售员："在你看来，最重要的销售策略是什么？"首席销售员回答道："我每月的日程表。"他必须知道下月的销售区域、销售客户及销售任务，然后据此制订周计划与日计划。只有做好合理的安排，做起事情才会井井有条，从容不迫。

侯潇与段伟乐都是青岛啤酒徐州分厂的推销员，两个人在销售部工作都很努力，但他们的业绩却明显不同。大家都知道，北方的冬季是啤酒销售的淡季，推销员几乎没有什么工作要做。侯潇利用淡季与各县城的几个大批发商联络感情，举办一些联谊活动。而段伟乐整个冬季都没有做什么。春天一到，段伟乐就发动了铺天盖地的广告攻势，还搞了轰轰烈烈的啤酒节活动。段伟乐也忙得不可开交，可订单量却远远落后于侯潇，这让他感到很困惑。

段伟乐高强度的工作为什么没有获得良好的业绩呢？显然，他没有做好推销的长期规划，没有制定好销售目标，只是搞短期突击销售。这样的工作不能算是高效率的。而侯潇将销售的长期工作与短期工作做了合理的安排，取得了良好的收益。

台湾著名漫画家朱德庸说过，我们的时代是一个钱太多而生活太少的时代——钱太多但是我们不一定赚得到，生活太少是因为我们缺乏足够的时间。只有在自己赚的钱和自己拥有的时间两者间找到一个平衡点，我们才不会失去生活的乐趣。他不喜欢一成不变的上班族生活，他以档期的方式规划自己的时间，每月要画多少幅漫画、为杂志社提供多少稿件、读多少本书、什么时间外出观察和体验生活，他都做好安排。无论工作多忙，他也要留出体验生活的时间。由于合理地安排好时间，他在近5年的时间里创作出千余幅漫画，成为海峡两岸著名的漫画家，拥有大批的忠实读者。

成功者之所以能成功，是因为他们能安排好自己的时间。你也可以尝试，将每个月、每一周甚至每一天的时间大体上做一个安排，将杂乱的工作理清头绪。从现在开始，按照你的时间计划行动吧，坚持下来，你会有惊人的发现：工作效率提高了，生活质量也改善了。

今日事今日毕

江苏泰兴洋思中学在长期的教学实践中，摸索出了"堂堂清、日日清、周周清、月月清"的教学管理方法，取得了良好的教学效果和社会效益。"四清"教学方法看起来是对全体学生的学习要求，其实更是对教师科学管理时间的要求。

正如马云所说："管理时间是艺术与实践的完美结合，它的核心是必须用最合理的时间来完成最合理的项目，达到最有效率的管理目的。"洋思中学的这种安排就充分体现了用合理的时间来完成最合理的任务。它打破了固定时间上下班制度，打破了传统的上课下课的教学模式。今日事今日毕，避免了教师和学生无休止的补课学习的现象，提高了工作效率，取得了显著的教学效果。

曾八次荣获省市国家级荣誉称号的江西新建供电公司调度所副所长胡知旺，在接受全县各供电所、变电站光缆铺设工作时，就面临着时间紧、任务艰巨的挑战。

从传统的电力专业转向现代化的电力、通讯、自动化三位一体的全新行业之中，胡知旺面对的是全新的问题。工作开始的几天，他废寝忘食，白天黑夜连轴转，也不见多大的成效。他想这样下去，耽误工期不说，弄不好还会损坏设备，超出经济预算。他开始静下心来，仔细分析现状，并安排了两个月的任务，然后告诫自己，一定要做到"日日清、周周清"，才能保证完成任务。

胡知旺白天忙工程监督检查，晚上写施工工作日记，绘制当天完成的光缆走向图，还要查阅新设备的使用说明等。该自己做的事情，一定当天完成，遇到难题或突发事件，加班也要完成。正是因为有了时间观念，胡知旺才率领队伍保质保量地完成了任务。

今日事今日毕，决不待明日。"明日歌"唱得好：日日复明日，万事成蹉跎。在职场上，拖延工作，虽不至于到"万事成蹉跎"的地步，但造成的后果还是挺严重的。不能及时完成任务，不仅影响到自己的工作进展，还会影响别人的工作，甚至影响企业声誉。

从事设计工作的江锦，工作上一向坚守"羚羊逃生"的原理——羚羊遇到天敌，会爆发出惊人的速度逃脱。他经常会把任务推到最后一刻才完成。30岁前他这样做，也确实有效果。但随着年龄的增长，他发现这样做已经不能完成工作了。在应急状态下，羚羊会调动超常能量，但往往会造成内伤。因为临近交差时，不得不熬夜加班，甚至通宵不能睡觉，靠抽烟喝酒提神，江锦患上了焦虑性失眠症。一开始，同事和领导还很赏识他这种拼搏的精神，但有一次，客户突然要求必须提前交设计图纸时，江锦前期准备不足，只能突击加班，最后同事们都陪着他加班，自然满肚子不高兴。虽然最后还是完成了任务，但大家议论他的时候，再也不是"拼搏认真"了，而是"慢得像头牛，还拖累我们大家！"

要知道，你不是孤立的一个人，而是团队里的一分子；你的工作也是整个团队链条中的一个环节，你的一个环节处理不好，就会影响其他环节。当天的任务完不成，就会影响整个团队的工作。因此，我们要养成良好的工作习惯，今日事今日毕，高效地完成工作。

今日事今日毕，体现的是科学管理时间的观念，体现的是良好的工作习惯，体现的是一种敬业精神，体现的是一丝不苟的严谨态度。

三招巧妙利用时间

一分钟很短，但再长的时间也是由这一分钟一分钟累积而来的。不要小看这一分钟，一分钟可以挽救一条濒临死亡的生命，一分钟可以成就一项伟大的事业。把握好了生命中的每一分钟，你才能走向成功。

然而，很多人却没有认识到一分钟的重要性。在他们看来，一分钟是无足轻重的，不要说一分钟，有时即使是十分钟、半个小时，他们也会在轻松的闲聊中打发时间。那些浪费时间的人，恐怕到老也不会明白，自己的一辈子之所以平庸，就是因为浪费了宝贵的时间。

下面是几种利用时间的妙招，也许可以给你以启示。

1.把握好零碎时间

把零碎时间用来做零碎的工作，从而最大限度地提高工作效率。比如等车时可以学习，可以思考，可以简短地计划下一个行动等。充分利用零碎时间，短期内也许没有什么明显的效果，但长年累月下来，你会有巨大的收获。

在位于费城的美国造币厂中，处理金粉的车间地板上有一个木制盒子。每次清扫地板时，这个格子都会被拿起来，里面细小的金粉随之被收集起来。日积月累，每年可以因此而节约成千上万美元。

把那些零碎的时间利用起来。等着咖啡煮好的半个小时、不期而至的假日、两项工作安排之间的间隙、等候某位不守时人士的闲暇时间等等，这些时间都可以加以利用。

2.巧妙利用交通时间

生活在大都市，人们通常每天早上要花上一个小时赶去上班，而下班回家又要花上一个小时。很明显，有两方面值得你认真考虑一下：（1）你是否能缩短交通时间？（2）你能否有效地利用这些时间？对于如何有效地利用上下班的交通时间这一问题，要因人而异。对于有车的上班族来说，打开收音机，听听新闻和音乐是人们习惯做的事，但这并不是利用时间的最好办法。你可以采取别的更加有效的方法：在早晨业务汇报之前，把有关事项先想清楚；分析业务、私人问题或可能发生的事；在心里为一天的工作先计划一番。对于无车一族来说，北京有很多白领女士利用上班路上的时间进行化妆。当然，还有很多人一上车就利用手机开始办公了。

3.避免不必要的时间浪费

互联网时代，人们没事做时就上网聊天、玩游戏。尤其是许多年轻人，除了工作、睡觉，他们的其他时间几乎全部被网络占去，有些人甚至能花整晚的时间玩游戏！

下面有避免浪费时间的7条小技巧，供大家参考：

（1）如果这件事情不需要上网就可以完成，把网断掉。要办正事时，一定要控制自己，不要上网浪费时间。

（2）延长查看电子邮件的间隔期。

（3）当你在工作和学习时，最好把手机关机。

（4）如果你的工作环境很嘈杂，换个没人打扰的地方，效率会更高。

（5）分配好工作时间和娱乐时间，玩游戏要适可而止。

（6）时时检查你的时间安排和现在已经进行中的项目。笔记本和笔是最方便的工具。每天列个大致计划，将当天的主要工作做个列表，并经常确认完成情况。

（7）以小时为单位划分你的工作时间，用更少的时间做更多的事情。如果你尝试记录每件事需要多少分钟，效果会更好。只要你坚持记录一个月左右，你就会发现自己对时间的敏感性越来越强。

用80%的时间做最重要的事

　　农夫早上对妻子说要去耕地了。可是当他走到要耕的那片地时，发现耕地的机器需要加油了，可是他刚想给机器加油，又想起家里的几头猪还没喂，于是农夫决定回家先喂猪。当农夫经过仓库的时候，看到几个土豆，一下子想到自家种的土豆可能要发芽了，应该去看看，农夫就朝土豆地走去。半路经过了木柴堆，农夫想起来妻子提醒了他几次，家里的木柴要用完了，需要抱一些木柴回去。刚走近木柴堆，农夫发现有只鸡卧在那里，原来鸡要下蛋……就这样，农夫一大早就出门了，直到太阳落山才回来，忙了一天，晕头转向，结果呢？猪也没喂，油也没加，最重要的是，地也没耕。

　　职场中，很多员工大都承担着很多工作，总感觉有一大堆事需要做，常常加班加点，就像这个忙碌的"农夫"，面对一大堆的工作疲于应付，最终什么事情也没有做好。究其原因，除了工作量真正超出个人能力的负荷外，恐怕就是时间的分配出现问题了。

　　有的人没有计划，一会儿做这件事，一会儿做那件事；有的人连休息的时间都放弃了，把所有精力都耗在工作上，打疲劳战；有的人根据爱好，喜欢哪个就先做哪个；有的人疲于应付，哪个催得紧，就先应付哪个……总而言之，这些工作方式都没有体现出时间的最佳分配。

　　那么，如何做好科学分配时间呢？

　　英国作家理查德·科克在《80/20定律》中说，80%的销售量，是由20%的客户带来的；80%的电子邮件，只会寄发给地址簿中不足20%的联系人；驾驶员中不到20%比例的司机造成了80%以上的交通事故。他的这一定律在时间管理上就是用80%的时间做20%最重要的工作。也就是说，要把最佳的时间分配给回报率高的工作。

　　一个老师给学生们做实验。他拿出了一个玻璃瓶，开始往里放一些大块的石块，很快瓶子就被填满了，老师开始问学生："瓶子已经满了吗？"同学们异口同声地说道："满了。"老师笑而不语，又拿来一些小石块，慢慢地装入了瓶中。大石块的缝隙都填上了小石块。老师又接着问："瓶子满了吗？"同学们又一次回答满了。老师还是笑而不语。他把准备好的细沙往瓶子里倒，细沙很快就把小石块和大石头留下的缝隙给填满了。老师再一次问道："瓶子装满了吗？"同学们开始讨论起来，得出的结论是满了。老师还是微笑，继续把准备好的水倒入瓶中。很快，水就装满了这个瓶子。

　　老师又拿出个空瓶子，往里面装满了水，问学生："瓶子还能装下大石头、小石头和沙子吗？"答案显然是不能的。

　　这个简单的实验给了我们很多启示，其实在时间管理上又何尝不是这样呢？时间管理就是要先做最重要的事，若颠倒顺序，让一堆琐事占据了时间，又怎能从容地处理重要的事情呢？所以，只有把更多的时间分配给回报率更高的工作，才会创造出高效率，才会更快地走向成功。

伯利恒钢铁公司总裁舒瓦普曾向效率专家艾维·利请教如何更好地执行计划的问题。艾维`利先递给舒瓦普一张空白纸，说："在这张纸上写下你明天要做的最重要的六件事。"过了一会儿，他又说："请用数字表明每件事情对于你和你公司的重要性次序。"舒瓦普完成后，艾维·利接着说："现在把这张纸放进口袋，明天早上第一件事情就是把这张纸拿出来，着手办第一件事，直至完成为止。然后用同样方法对待第二件事、第三件事，直到你下班为止。如果你只做完第一件事情，那不要紧。你总是做着最重要的事情。"艾维·利又说："每天你都要这样做。你对这种方法的价值深信不疑之后，叫你公司的人也这样干，这能使你公司的业绩至少提高50%。"五年之后，这个当年不为人知的小钢铁厂一跃成为世界上最大的钢铁厂。

这个真实的故事体现了艾维·利的时间管理法则，就是按照重要性的次序列举每天的工作，然后从最重要的事情开始做起，每天坚持这样做，养成良好的习惯。

职场上的人大多数工作繁重，琐事缠身，可千万不要像"忙碌的农夫"那样做事，一定要用艾维·利告诉我们的时间管理法则，先选择重要的事情去做。对于细枝末节或者无关紧要的事情，该舍弃的要大胆舍弃，能由别人代做的则由别人代做，能合作完成的则充分利用团队，这样才能做工作的主人，享受工作的乐趣。

适当授权，减轻工作负担

一个人的精力总是有限的，而工作却又是无限的，要想在一定的时间内完成大量的工作，除了自己努力外，还要学会授权给时间管理人。如果你每天要做六件事，那么该怎样去做呢？首先，要列举出所要做的事情的名单，然后列出事情的重要等级，当精力最旺盛时，来完成最重要的工作，将不重要或者他人可以完成的事情授权给别人去做。那么，帮你做事的人就是时间管理人。授权时间管理人，一定要选择心态积极又有丰富工作经验的人，选择能够轻松完成工作而又愿意进取的人。

畅销书《把信送给加西亚》讲述了一位名叫罗文的民族英雄接到麦金莱总统的任务——给加西亚将军送一封决定战争命运的信，他以绝对的忠诚、责任感主动完成了这件被当时很多人看来"不可能完成的任务"。一百多年来，罗文的事迹在全世界广为流传，激励着千千万万的人。在这里不得不称赞的是麦金莱总统，战争期间，他肩负重任，百事缠身，如果事事亲力亲为，即使累死，他也不可能完成那些任务，更不用说取得战争的胜利了。他懂得授权时间管理人，把寻找加西亚的任务授权给了有强烈责任感的罗文。

小陈是一家外企的员工，主要负责医疗器械的销售与培训，因职务之便，他还兼任了招聘业务员、购买办公用品甚至送货等杂活。他每天都忙得不可开交，甚至加班加点也不能圆满地完成任务。他想，这样下去，钢铁汉子也会被累倒的，现在挣的钱还不够将来买药的。于是，他打算向公司提出减轻工作负担的建议，但是又一想，这是公司对自己的信任与重用，于是，他就默默地忍受着。有一天，他在职场培训的相关书本上看到可以授权给时间管理人，就尝试着去做，于是，他将购买办公用品的事情委托给了公司旁边的一家便利店，将送货的任务委托给了一家快递公司。这样一来，他不但将全部的精力放在了自己的本职工作上，还有了休闲和娱乐的时间。年终考核，小陈的每项工作都很出色，一年后，小陈晋升为公司的销售经理。

授权时间管理，是减轻负担的重要途径之一，也是提高工作效率的秘诀。这里的授权是将次要的工作托付给他人去做。小陈将自己工作中的购物委托给便利店办理，这也很符合便利店的利益；将送货委托给快递公司，这也是快递公司的业务。这样的授权，是双赢的结果，何乐而不为呢？

授权别人替自己做事，并不是随便授权给谁都可以，别人没有为你做事的义务。一定要将事情分析后，把权利授予适当的人。如你的应酬比较多，可以选择适当的应酬授权给自己的妻子或者朋友，让他们去参加宴会或者派对等，这样既能节约你的时间，又能让他们增加交际的机会；对于一个无关紧要的产品交流会，你可以授权给工作相对轻闲而又乐于出差的同事，这样那个同事既替你完成了任务，为你节约了时间，自己也开阔了眼界，增长了见识，说不定还享受了一次公费的旅游。

总而言之，授权时间管理人既能节约自己的时间，自己提高了工作效率，别人也从中获得了好处。

在规定的时间内完成任务

　　巴金森在其所著的《巴金森法则》中写下这段话："你有多少时间完成工作，工作就会自动变成需要那么多时间。"如果你有一整天的时间可以做某项工作，你就会花一天的时间去做它；如果你只有一小时的时间可以做这项工作，你就会更迅速有效地在一小时内做完它。合理地将工作时间分配好，给时间一个严格的期限，在这个严格的期限内完成任务，这样，才能高效率地完成工作。

　　德国人的时间观念很强。这倒不是说他们每天忙于上班工作，利用一切时间工作，无暇顾及休闲娱乐。恰恰相反，他们对要做的事所分配的时间很严格，他们习惯于在规定的时间内做计划好的工作。几乎人人都有一个记事本在手上，里面详细记载着他们的时间安排。

　　安排工作时，给一个严格的期限，不是"到时候再说"，也不是"看情况而定"，而是既不超前，也不滞后。当然，工作中的不确定因素也要考虑在内。只有拥有严格的时间观念，才能提高工作效率。

　　"托业考试明星"菊池是日本家喻户晓的人物，他拥有众多的粉丝群。他没有让人仰慕的政治功绩与财富，而是学习英语很会利用时间、很有成效，从而成为托业考试专业户，连续考试50多次，成绩从来没低于过970分，最高时达到990分以上，被世人称为"英语怪兽"。他撰写的《英语也能如此疯狂》的书刚一出版，就受到众多英语爱好者的追捧。如今，该书已连续再版三次，日销量最高时达到3000册，刷新了日本英语资料类图书的销售纪录。

　　在谈到成功经验时，他这样回忆：他失业后宅在家里，没有朋友，没有事做，几乎过着隐居生活。为打发时间，他就开始埋头啃各种英文杂志，遇到不懂的单词，他就翻一本花500日元买来的二手英日小字典。为了记住更多的单词，除了买书和日用品，他很少离开自己的房间，把全部时间都用来学习。

　　起初，他给自己规定一个小时要记住几个英语单词、几个经典语句，在规定的时间内完成学习任务后才休息。当时家里很穷，他没有钱参加英语培训班，甚至没钱买大字典，他只好每隔几天跑到书店去翻阅大字典。去的次数多了，他感觉非常不好意思。为了克服羞愧和"入店偷知识"的罪恶感，他给自己规定"只看十分钟"。他准备好了十分钟能查看的单词与句子，到书店后就快速翻阅，准时离开。没想到的是，这种不寻常的查阅方式，反而让他加深了记忆，每个查阅过的单词他都能过目不忘。

　　这种疯狂的学习方式，他坚持了整整七年。2011年9月，他抱着试试看的态度，第一次参加托业考试，令人难以置信的是，几乎没做任何准备的他，居然一下子考了970分。

　　有人问他成功的秘诀，他用自己写在书中的一段话来回答："想要学习一门新的语言，不要考虑自己的年龄，也不管你从事什么职业，只要选定目标，给它规定时间，坚持不懈，就会一天天靠近成功的彼岸。"

　　成功的因素有很多，但菊池的成功主要在于科学地利用了时间，并坚持下来。学习一门新的语言，应该是很艰巨的学习任务，但菊池将这个任务分解到每一天、每一个小时，在规定的时间内完成预定的任务。如果能高质量地完成每个任务，那么，工作效率也就无形中提高了。

第七章
做最忠诚的员工

公司就是一条船。当你加盟了一家公司，你就成为这条船上的一名船员。这条船是满载而归还是触礁搁浅，取决于你是否与船上的其他船员齐心协力、同舟共济。忠诚让你充满力量，让你奋勇前行。

注意细节，成就完美事业

细节存在于我们身边的每一件小事之中：上班不要迟到，下班时不早退，不因私事影响工作，良好的工作态度是细节；节约一滴水、一张纸、一度电，养成随手关灯、关门窗的习惯是细节；所出具的数据、撰写的文章、产品的工艺指标都做到没有差错是细节；对经手的事，从时间、地点的确定，到准备什么、如何应对都有全盘考虑是细节；生活中对同事、朋友的一句问候，在他们劳累时端上一张椅子，口渴时递上一杯水是细节。

我们在接到一项工作任务时，对其中的各种细节都不要轻视，要把它们看成重要的大事。只有这样，我们才会真正重视它们，并开动脑筋做好它们。实际上，要做到这一点并不容易，我们需要时刻提醒自己："别看它不起眼，它对整项任务能否顺利完成却起着至关重要的作用。只有做好它，我才能高质量地完成任务。"工作时一定要认真、细心，不要以为是小事，就敷衍了事。我们应该像对待重要的事一样认真细心，扎实地处理好每一个细节，一丝不苟地去完成它。

美国前国务卿基辛格博士是一个十分关注细节的人。有一次，他的助理呈递一份计划给他。数天之后，该助理问他对其计划的意见。基辛格和善地问道："这是你所能做的最佳计划吗？"

"嗯，"助理犹疑地回答，"我相信再做一些细节改进的话，一定会更好。"基辛格立即把那个计划退还给他。两周之后，助理再次呈上了自己的成果。几天后，基辛格请助理到他办公室去，问道："这的确是你所能拟订的最好计划了吗？"助理后退了一步，喃喃地说："也许还有一两点细节可以再改进一下，也许需要再多说明一下。"

助理随后拿着那份计划走出了办公室，他下定决心要拟出一份让任何人——包括基辛格都必须承认的"完美"计划。于是，这位助理日夜工作，有时甚至就睡在办公室里。三周之后，计划终于完成了！他非常得意地跨着大步走入基辛格的办公室，将该计划呈交给基辛格。当听到那熟悉的问题"这的确是你能做到的最完美的计划了吗"时，他激动地说："是的。国务卿先生！"

"非常好。"基辛格说，"这样的话，我就有必要好好地读一读了！"

不论我们的工作多么平凡、多么不起眼，假如我们细心工作，发挥我们的聪明才智，就可能做出让周围人惊讶的成绩来。同样一项工作，对工作细节的重视程度不同，工作的结果就会不同。

把工作当成使命来完成

使命感是决定行为取向和行为能力的关键因素，是一切行为的出发点。每个人的抱负追求不同，激发出来的动力、活力以及所表现的精神状态也不一样。无论是团队还是个人，只有具备了神圣的使命感，才能采取积极的实际行动，实现自己的人生价值，最终成就伟大的事业。

把工作当成自己的使命来做，就能发掘出自己特有的能力。即使是辛苦枯燥的工作，也能从中感受到价值。无论身处何处，我们都要对自己的使命有清晰明了的认识，并且提高对自己的要求，为自己设置一个更高的目标。只有这样，我们才能真正地激发出身上的潜能，把工作做得更好，为自己赢得一个光辉的未来！

我们每个人都需要一份工作，工作是我们安身立命之本，也是我们实现人生值的平台。在工作中，我们不仅学到了经验，积累了资源，还增加了阅历，增长了见识。通过完成工作任务，我们拓展了自己的业务能力；通过与同事的合作，我们培养了自己的合作能力；通过与客户交流，我们提高了自己的沟通能力。如果没有工作，我们将游离于社会之外，事业、前途也将无从谈起。

我们每天努力工作，归根结底还是为了自己，是在成就自己的梦想，是为自己的理想与未来而工作。因此，我们应该好好珍惜这来之不易的工作。认识到这一点，我们不管从事什么职业，都应该抱着一种学习的态度，将每天的工作都当作一个崭新的开始、一个通往事业成功的机会。

在许多人看来，工作只是一种简单的雇佣关系，做多做少、做好做坏对自己意义并不大。这种想法是错误的，它对企业和自己都有非常坏的影响。富有使命感的员工，一心扑在工作上，没有他人的督促也能出色地完成任务；他们具有极强的主动精神，他们不是被动地等待着新任命的来临，而是积极主动地去寻找目标和任务；他们不是被动地去适应新任务的要求，而是主动地去研究环境，尽力做一些有意义的、至关重要的贡献，并从中汲取再一次走向成功的力量。

怀着感恩的心去工作

感恩，是一种态度、一种情怀，是人生的一种境界。作为企业的一名员工，最好的感恩就是尽心尽职地做好本职工作。一个人的能力有大有小，工作岗位有高有低，但无论身处什么岗位，我们都要有崇高的敬业精神，用一颗感恩的心去对待本职工作，服务企业，回报企业。

一个有感恩之心的员工，会执着而无私、博爱而善良、敬业而忠诚，富有责任感和使命感；一个有感恩之心的员工，会把对企业的感激，转化为勤奋工作、刻苦学习、奉献社会的实际行动；一个有感恩之心的员工，会关心他人、关心企业，关注社会发展，对企业负责，与企业同舟共济。

当我们怀着感恩的心去工作，就能坦然看待工作中的挫折；当我们怀着感恩的心去工作，就能更加富有责任感。懂得感恩是一个员工优良品质的重要体现，学会感恩是一个员工做好工作的精神动力。一个懂得感恩的人并不一定会成功，可是不懂感恩的人一定不会成功。每一个成功人士都拥有一颗感恩的心！

常常有这样的现象，一个员工可以因一个陌路人的帮助而感激不尽，却无视朝夕相处的领导、同事的种种帮助和支持，将一切视为理所当然，视之为纯粹的商业交换关系，这也是许多公司和员工之间关系紧张的原因之一。的确，雇佣和被雇佣是一种契约关系，但在这种契约关系背后，难道就没有一点儿感情吗？作为员工，公司为你提供了工作就业的机会，为你提供了提升能力的平台，难道这不值得你去感恩吗？

领导和员工之间并非对立的，从商业角度看，领导和员工是一种合作共赢的关系；从情感的角度看，领导和员工之间也有友谊。因此，不要忘记感谢你的公司、领导和同事。

真正的感恩应该是真诚的、发自内心的，而不是为了某种目的而迎合他人表现出来的虚情假意！与溜须拍马不同，感恩是情感的自然流露，是不求回报的。一些人从内心深处感激自己的领导，但是由于惧怕流言蜚语，而将感激之情隐藏在心中，甚至刻意疏离领导。这种想法是没有必要的，你的发展是建立在公司发展的基础之上，而公司的发展在相当程度上又是领导苦心经营的结果，因而，你对公司、对领导的感激是应该的。作为一个心地坦荡的人，你为什么要害怕别人会对你的感恩行为做出无谓的猜测和指责呢？

怀着感恩的心去对待每一个工作机会，在当前就业压力大和竞争非常激烈的环境中，显得非常重要。每个工作机会都是我们自己争取来的，我们应该知道哪一份工作更适合自己。我们需要通过工作来谋生，通过工作来学习，通过工作来积累经验，通过工作来施展才华。我们有理由放弃不适合自己的工作机会，我们有理由去寻找更适合自己的机会，我们更需要感谢给我们工作机会的人。无论遇到什么样的领导，都要感谢他给予了你这样的机会，并尽心尽力地工作。这样做的结果表面上看是有益于你的领导，其实，最终受益的还是你自己。

通用电气公司的招聘官在招聘新人时经常会问这样一个问题："你觉得以前你工作的那家公司怎么样？"

如果有两个人来回答这个问题，一个面试者抱怨说："糟透了，我的前领导简直就是一头驴！工作那么繁重，经常需要加班，也没有额外的奖金，真难以想象我在那里是怎么度过了两年！所以，我选择离开。"而另一个面试者却说："虽然我原来工作的地方是一家小公司，管理也不是很规范，不过，在我工作的那段时间里，我学到了不少东西。正因为如此，我现在才有勇气坐在这里，我很感激原来工作的公司。"

毫无疑问，最后被录取的一定是后者。

领导给了我们一份工作，其实也是把他的事业的一部分交给我们，同时，领导也承担着风险。怀着一颗感恩的心对待领导给的工作机会，是对他最好的回报。只有在这样的心境下，我们才会全身心投入工作。

专注能让你产生巨大的力量

专注是在专业技能的基础上发展起来的一种对工作极其投入的品质，体现在人对工作有一种近乎疯狂的热爱，在工作时能够达到一种忘我的境界。

专注需要坚持，坚持就是力量。专注是专心致志、全神贯注，不受任何诱惑的干扰，对既定的方向和目标不离不弃，执着如一，不懈努力。把专注力放在对你最重要的事情上，只有这样，才能更有效地利用你的精力。在彻底完成一件事后，再开始做下一件事，这样才能提高效率。

詹何是楚国的钓鱼高手，詹何的钓鱼线只是一根单股的蚕丝绳，钓鱼钩是用细针弯曲而成，而钓鱼竿则是楚地出产的一种细竹。然而，就是用这一套钓具，再用小米粒做钓饵，詹何竟然能从湍急的百丈深渊激流中钓出许多鱼来。而他的钓鱼线完好，钓鱼钩也没有直，甚至连钓鱼竿也没有弯。

楚王听后，深感好奇，就把詹何请来询问诀窍。詹何回答："当臣临河持竿，心无杂虑，唯鱼是念，投纶沉钩，手无轻重，物莫能乱。鱼见臣之物饵，犹沉埃聚沫，吞之不疑。"简陋的工具发挥出超强的威力，其实是专注的力量创造出来的奇迹。

不管别人的存在，不管身边多么喧闹，静下心来，心无旁骛，一心一意地处理自己正在做的事情，就一定会把事情做好。

专注的力量是惊人的，集中精神在忘我的境界里工作，做起事来不仅轻松、有效率，而且也更能把事情做好。一个懂得集中精力专注做好一件事的人往往不会浪费时间，因为他要以有限的生命完成事业，就必须要有所选择、有所坚持、有所放弃。

在人潮汹涌的汽车站问询处，每一位旅客都争着询问自己的问题，都希望能够立即得到答案。对于问询处的工作人员来说，工作的紧张与压力可想而知，可柜台后面的工作人员阿耿看起来一点儿也不紧张。阿耿身材瘦小，戴着金丝边眼镜，一副文弱的样子，他显得那么轻松自如、镇定自若。

在阿耿面前的旅客是一个身材高大的老婆婆，她头上扎着一条围巾，脸上的神情焦虑不安。阿耿倾斜着上半身，以便能听清楚她的声音。"是的，你要问什么？"阿耿把头抬高，集中精神，透过他的厚镜片看着这位老婆婆，"你要去哪里？"

这时，有位一手提着皮箱、头上戴着饰物的少妇试图插话进来。但是，阿耿却旁若无人，只是继续和这位老婆婆说话："你要去哪里？"

老婆婆说出了一个地方。因为这个城市有两个这样的地名，因此，阿耿反复地跟老婆婆确认后，才告诉她："那班车是在10分钟之后，在第8号月台出车。你不用跑，时间够用。"

"你是说8号月台吗？"

"是的。"

老婆婆转身离开，阿耿立即将注意力转移到下一位客人——戴着头饰的那位少妇身上。但是没多久，老婆婆又回头来问一次月台号码。

"你刚才说是8号月台？"这一次，阿耿集中精神在下一位旅客身上，不再管这位头上扎围巾的老婆婆了。

大家不解，觉得阿耿不近人情，便问他："能否告诉我，你是如何做到并保持冷静的呢？"

阿耿回答："我只是单纯处理一位旅客。忙完一位，才换下一位。在一整天之中，我一次只服务一位旅客。"

一个人的精力是有限的。像其他装置一样，人体的器官一旦停止运转，就会失去动力，在停止一段时间后再去启动时，就必须花一定的时间才能恢复到原来的状态。所以，频繁地从一项工作转换到另一项工作，是非常浪费时间和精力的做法。

专注能让你产生巨大的力量，一次只做一件事，可以使我们静下心来，这样我们才会把事做好。倘若好高骛远、心浮气躁，最终只能是两手空空、一无所获。

沃伦·哈特格伦没上过多少学，他年纪轻轻就开始做挖沙工人。挖沙工作是漫长又辛苦的工作，沃伦·哈特格伦下决心要成就自己的事业——成为研究南非树蛙的专家。按照哈特格伦所受的教育，那几乎是不可能实现的。但是自从1969年开始，沃伦·哈特格伦每天都收集150个标本，共做了大约300万字的笔记，终于找到了南非树蛙的生活规律，并从这些蛙类身上提取了世界上极为罕见的一种能预防皮肤病的药物。沃伦·哈特格伦从而一举成名，获得了哈佛大学的博士学位。

大凡成功人士，都能专注于一个目标。林肯专心致力于解放黑人奴隶，并因此使自己成为美国最伟大的总统；伊斯特曼专心致力于生产柯达相机，这为他赚了数不清的金钱，也为全球数百万人带来了不可言喻的乐趣。

在现实生活中，有不少人并不缺乏聪明才智，有些人甚至聪明过人、智力超群，但是他们缺乏专注，集中精力几分钟对他们来说就是难事，集中精力几个小时对他们来说更是一种煎熬。他们总是在做一件事时却想着另一件事，他们有太多的爱好、太多的欲望、太多的想法，唯一缺少的就是专注的能力。因此，他们一事无成。我们一定要培养自己的专注力，让自己能从容地做好每一件事。

拥有主人翁精神

把企业当成自己的"家"，说的是一种"主人翁精神"。具有这种精神的人，往往会对自己所属的公司或部门付出巨大的热情。

公司就是一条船。当你加盟了一家公司，你就成为这条船上的一名船员。这条船是满载而归还是触礁搁浅，取决于你是否与船上的所有船员齐心协力、同舟共济。但是，人们总认为："公司是领导的，我只是替领导工作，在工作上付出得再多、干得再出色，最后得到好处的永远是领导。"

如果你是领导，一定会希望员工能和自己一样，把工作当成自己的事业，更加努力，更加勤奋，更积极主动。因此，当你的领导向你提出这样的要求时，请不要拒绝他。

以领导的心态对待公司，你就会成为一个值得信赖的人、一个领导乐于雇用的人、一个可能成为领导得力助手的人。

米西尔从西点军校毕业之后，参加了美国陆军，几年后他成为一名连长。在连长的位置上，米西尔干了两年，这个连后来被称为"米西尔连"。原因是他用两年的时间把这个美国陆军最涣散的一支部队改造成为一支铁军。米西尔成功的秘诀是：让每一个士兵自觉地认为——这是我的连队。

后来，米西尔因为受伤从军队退役，成立了著名的米西尔国际公司。在这家公司内部，所有的员工都能感受到一点：这个公司是米西尔的，也是我的。

让每一个员工都把公司当成自己的，让每一个员工都以合伙人的心态来工作。米西尔凭此信念获得了巨大的成功。

把自己当成合伙人，站在领导的角度上看问题，你就能获得巨大的精神动力。每一位领导都是公司最能干的人，因为他是在为自己工作。如果一个优秀的员工懂得以领导的心态对待工作，那么，他也会获得巨大的动力。

把公司当成自己的家，可以激发你的责任心和主人翁意识，使你全身心地融入公司，处处为公司着想；把公司当成自己的家，能够让你拥有更大的发挥空间，使你在掌握实践机会的同时，能够对成果负起责任。

以领导的心态对待企业，为企业节省花费，企业也会按比例给你报酬。奖励可能不是在今天、下星期甚至明年就会兑现，但它一定会来，只不过表现的方式不同罢了。当你养成习惯，将企业的资产视为自己的资产，你的领导和同事都会看在眼里。

阿星高中毕业后随哥哥到南方打工，他和哥哥在码头的一个仓库给人缝补篷布。阿星非常能干，做的活儿也精细，他看到丢弃的线头、碎布，就会把它们拾起来，留做备用，好像这家公司是他自己开的一样。

一天夜里，暴风雨骤起，阿星从床上爬起来，拿起手电筒冲到大雨中。哥哥劝不住他，骂他是个傻瓜。在露天仓库里，阿星查看了一个又一个货堆，加固被风掀起的篷布。这时候，老板也开车过来检查，看见阿星已经淋成了一个落汤鸡。

当老板看到货物完好无损时，当即表示要给阿星加薪。阿星诚恳地说："不用了，我只是看看我缝补的篷布结不结实。再说，我就住在仓库旁，顺便看看货物只不过是举手之劳。"

老板见他如此诚实又有责任心，就让他到自己的另一个公司当经理。公司刚开张，需要招聘几个文化程度高的大学毕业生当业务员。阿星的老乡跑来说："给我弄个好差事干干。"他深知老乡的能力和个性，就说："你不行。"老乡说："看大门也不行吗？"阿星说："不行，因为你不会把活当成自己家的事干。"老乡说："你真傻，这又不是你自己的公司！"临走时，老乡说刘星没良心，不料，阿星却说："只有把公司当成是自己开的公司，才能把事情干好，才算有良心。"

几年后，阿星成了一家公司的总裁，而他的哥哥和老乡却还在码头上替人缝补篷布。

优秀的员工有一种把自己当作公司主人的心态，当你具备做主人的心态时，你就会把公司的事当成自己的事。一个将企业视为己有并尽职尽责完成工作的人，终将会拥有自己的事业。许多管理制度健全的公司，正在创造机会使员工成为公司的股东。因为人们发现，当员工成为企业所有者时，他们表现得更加忠诚，更具创造力，也会更加努力工作。有一条永远不变的真理：当你像领导一样思考时，你就成了一名领导。

在高度竞争的经济环境下，你可能会感慨自己的付出与获得的报酬并不成正比。当你感到自己并未能获得上司赏识时，记得提醒自己：你是在自己的公司为自己做事。

站在上司的角度思考问题

站在老板的立场上思考问题，把自己当作公司的主人，是提高个人思维能力、执行能力的最快捷方式。

IBM公司要求每一名员工都树立起一种态度——我就是公司的主人。在这种激励下，员工们主动接触高级管理人员，与上级保持有效的沟通，对所从事的工作更是积极主动地完成，并保持着高度的工作热情。

一旦有了这种心态，你就会对自己的工作态度、工作方法以及工作业绩提出更高的要求。只要你能深入思考、积极行动，你很快就会成为公司中的杰出人物。

一个有准备的打工者，肯定会在平时以老板的心态要求自己，将自己在工作中遇到的事情当作经验与知识积累下来，久而久之，他就具备了当老板的条件。

我们应该多多地观察我们的上司，当问题来到的时候，首先想想，如果你处于你上司的位置，你会怎样处理和应对。

站在老板的角度上思考问题，可以让你受益匪浅。以老板的心态对待工作，你就会去考虑企业的成长，就会知道什么是自己应该去做的、什么是自己不应该去做的。

程远是一所知名大学管理学院的学生，程远毕业时，有几家大公司都有接纳他的意向，最后，程远却决定去一家规模较小的公司做总经理助理。对这样的选择，程远的朋友表示不解：宁做凤尾不做鸡头，在实力强的公司工作，起点不是更高吗？干吗自讨苦吃？再说，助理的工作不就是打杂吗？说好听点儿，就是收发文件、做做记录。

几年过去了，程远从一个初出茅庐的毛头小伙成长为一家年赢利过百万元的公司老总。有一次，当别人称赞程远的能力非凡时，程远谦虚地说："其实，我刚参加工作时所做的总经理助理工作使我受益匪浅。正是由于每天接触公司的各种文件、资料，才使我了解了作为一个领导的管理思路；正是记录一场场的会议过程，让我清楚了企业是如何经营、如何决策的。"

正所谓：读万卷书，不如行万里路；行万里路，不如阅人无数。程远的这番"取经"经历对我们很有启示。

当以老板的心态来要求自己时，你就不会为完成任务而满足，而会要求自己实现一个更高的目标，这等于是在挑战自己，从而慢慢提高自己的水平。

水曦是一家公司的出纳，只是一个普普通通的基层员工。水曦向老板汇报工作时，只是简单地汇报一些数字。时间久了，水曦觉得自己的工作还有很多需要改进的地方。于是，水曦想：假如我是老板，我会希望财务人员更多地给我提供些什么信息？不应该仅仅是完成每个月的损益表，而是应该有更多的分析，分析企业经营的状况、得失和可能存在的风险所在。于是，从此以后，水曦在以后的汇报中向老板呈上了自己精心准备的这方面的资料，老板对水曦的主动精神和工作业绩很是满意。时间久了，老板觉得他这个人不错，便调他到自己身边做秘书，而且大事小情都和水曦商量。

总之，老板看的是全局，算的是大账，看问题直达核心；而一般员工往往被自己的职位所限制，看问题难免片面。而站在老板的角度想问题，我们就会对老板的行为多些理解，多些支持；站在老板的角度想问题，我们就会对单位的人和事少些埋怨，多些认同；站在老板的角度想问题，你就会离老板更近一点，离自己当老板的时间也更近一点。站在老板的角度想问题，于人于己益处多多，至少你会快乐得多。

当你以老板的心态去对待工作的时候，你会完全改变你的工作态度。你会时刻站在老板的角度思考问题，你的业绩会得到提高，你的价值会得到体现，企业会因为有你的努力而变得不一样。

把工作当作自己的事业

如果你只是把工作当成一种谋生的手段，甚至看不起自己的工作，你就会感到工作艰辛、枯燥、乏味。如果你将工作当成自己的事业，你就会因此而迸发出无尽的热情与活力。在你不懈的努力下，业绩不断攀升，每一次小小的进步，你都会有成就感，继而信心越来越足，不断超越自我，追求完美，又会取得更大的突破。这时，工作对你来说不是一种苦闷，而是一种快乐。

在一个园林里，一位路人问三个年轻的花匠在做什么。第一个花匠无可奈何地叹息说："我每天都重复地搬花盆、浇花，旁边连个说话的人都没有，整天面对着这些植物，真是无聊极了。"

第二个花匠神色凝重地说："我的工作很重要，我得把花儿种好，不让它们枯萎死去，保证它们开花，这样老板才不会扣我薪水。"

第三个花匠则自豪地说："我的责任十分重大，这是名贵的花卉，我要让它们开出最美丽的花儿。"

十年后，第一个花匠仍在一个花园里种花；第二个花匠却坐在办公室里喝茶、看书，他成了一名园林管理员；而第三个花匠则穿梭于全国各大花卉园林场所，他成了国内有名的花卉专家。

微软创始人比尔·盖茨先生说："如果只把工作当作一件差事，或者只将目光停留在工作本身，那么，即使你是从事自己最喜欢的工作，你依然无法持久地保持对工作的激情。但如果把工作当作一项事业来看待，情况就会完全不同。"

生活中，我们常常听到有人抱怨自己的工作太简单、太平凡、太没有前途，终日愤愤不平。殊不知，"一屋不扫，何以扫天下？"一个人连最简单的事情都干不好，又如何能做出惊天动地的大事呢？

为事业而工作，我们就不会成为工作的奴隶，工作会成为一种生命内在的需要，工作是一个展示智慧和才华的舞台。这样，我们才能体会到成长的快乐和人生的幸福。正如一位哲学家说的："工作就是人生的价值、人生的欢乐，也是人生幸福之所在。"所以，当你把工作看作是一种快乐的事业时，生活就会变得很美好；而把工作看成一种苦涩的任务时，生活就会变得很痛苦。

把工作当作生活的来源，还是把工作当作自己的事业，其结果有天壤之别。把工作当成自己事业的人，一个典型的表现就是：充满了自信心，了解自己在做什么，熟悉行业的情况，并且会把工作做到位。而只是为工作奔波的人则总是担忧自己会失业，考虑"35岁以后怎么办"的问题，甚至会陷入苦闷的深渊。

俗话说："态度决定一切。"一个人能否有所作为，关键取决于自己对待工作的态度。

连思协取得博士学位后，进入一家制造燃油机的企业担任质检员。刚开始时，他的薪水与普通工人相同。工作半个月后，连思协发现该公司的生产成本高、产品质量差，于是，他便不遗余力地说服公司老板进行改革。

身边的同事对连思协说："老板给你的薪水也不高啊，你为什么要这么卖命啊？"连思协笑着回答说："我是在为我自己工作，这是我的价值。"一年后，连思协晋升为副总经理，薪水也翻了几倍。

为自己工作，才能成就自己的事业。对于心中有所抱负的员工来说，工作永远不是负担，而是一种成功的途径。

如果把工作当成一种谋生的手段，甚至看不起自己的工作，你就会感到工作艰辛、枯燥、乏味。久而久之，你就会失去工作的激情和开拓进取的创意，就会变得越来越没有理想、变得牢骚满腹、变得痛苦疲惫，最后平平庸庸、一无所获。

相反，如果将工作当成一份事业来经营，你就会时刻充满干劲儿，不断在工作中发现快乐。

第八章
做最敬业的员工

"敬业"不能仅仅停留在口头上，而要落实到行动中。脚踏实地地工作，付出自己的全部努力，总有一天，你会获得回报。

保持上进心

居安必须思危。在这个竞争异常激烈的时代，如果你没有危机意识，就很有可能被淘汰。

2007年9月，由中央文明办、中华全国总工会、共青团中央、全国妇联授予首届"全国道德模范"提名奖；2007年12月，被江西省电力公司授予"感动企业十大和谐典型"；2008年3月，被江西省委、省政府授予"江西省抗冰救灾先进个人"……

以上这些光辉荣誉的获得者就是某省电力设备总厂厂长李洪应。更让人钦佩的是，李洪应是一位患有严重残疾的人。

李洪应11岁那年因意外失去了左臂和左腿。但他没有向命运低头："人残了，但不能废了，我要站起来，做生活的强者。"从1991年以来，李洪应为企业的生存和发展东奔西走，残肢常常被假肢磨破。近20年来，他跑断了10多条假肢，救活了三家濒临倒闭的电力企业，先后解决了700多名职工的就业问题。2004年，李洪应又临危受命，放弃年薪十几万的优厚条件，到特困企业任职，带领员工艰苦奋斗，让一个亏损了二十年的老厂在短短两年内实现了扭亏为盈。

为了改革，李洪应曾让自己的妻子第一个下岗；面对地方恶势力的威胁，他毫不退缩，天天在施工工地巡视到天黑；为留住人才，他五顾"茅庐"，给新进大学生"送礼"。

身残志坚，自强不息。李洪应以顽强的意志感染着周围每一个人，他不仅赢得了员工的深深敬意，也赢得了社会的尊重。

人生如逆水行舟，不进则退。所以，我们不要再像过去那样做一天和尚撞一天钟了，多做一些努力，就必然能多一些收获；多一些上进之心，也就多一些成功的希望。

敬业是员工最宝贵的品质

对于一个职场人士来说，没有什么比敬业更重要了。要让自己成为一个优秀的人，就必须具有敬业的职业精神。敬业就是尊重自己的工作，工作时投入自己的全部精力。

现代企业面临着激烈的竞争。企业的发展离不开每位员工的敬业，而企业给予敬业的人是信任、重用、荣誉，企业的发展、壮大、强盛是对敬业员工的最大回报。在激烈竞争的市场条件下，员工的敬业程度决定了公司的生死存亡。要为顾客提供优质的服务、创造优秀的产品，就必须具备忠于职守的敬业精神。在今天，企业对敬业精神的重视程度超过了任何一个历史时期。

当然，在现实生活中，可能也有一些敬业的员工被领导忽略了，没有得到领导的重用。而一些工作不负责的人，却靠玩弄各种手段，获得了领导的重视。这时，有些具有敬业精神的员工可能会垂头丧气、消极工作，渐渐失去了耐心。有些员工却能不计较得失，为公司继续全力付出，结果，他们赢得了同事的尊重，也最终得到了领导的器重。我们要做一个敬业的员工，不要因为领导的一时忽视而丧失了向上的动力，不要抱怨自己比别人做得多。

敬业精神的最大体现就是：干一行，爱一行，工作一心一意。每个员工都应尽自己的最大努力投入工作，为企业创造最大的效益。这不仅应该成为一种行为准则，更应该成为每个员工必备的职业素质。敬业是一个员工最宝贵的品质，具备敬业精神的员工才是领导最想聘用的员工。

艾伦9岁的时候，生活在祖父的农场里。暑假里，祖父告诉他，如果他想要得到额外的零用钱，可以在农场里干点活儿。艾伦很高兴，他喜欢骑马放牧。可是祖父说只有一件事还需要人手——赤手捡牧场上的牛粪。这样的活计孩子们都不愿意干，艾伦虽然也不情愿，却还是很认真地去做了。

又到放假的时候，艾伦的祖母开车来学校接他回家，对他说："艾伦，因为去年夏天你捡牛粪时表现得很出色，所以，祖父要给你一份新工作，你听了一定会喜欢，你要做的工作正是你去年希望的骑马放牧。"艾伦开心极了，一个小小的信念也因此在他心中生根发芽。

后来，艾伦得到了在肉铺帮工的工作，每星期挣1美元。这活儿虽然很脏，但是，艾伦的想法很简单：只要做好眼前的，就一定会得到提升的，然后就能摆脱这份工作了。果然，他后来成了年薪150多万美元的媒体公司首席执行官。很多年里，这个信念一直支持着艾伦做好每一份工作。

艾伦现在掌控着全美读者最广、影响力最大的报纸——《今日美国》。提起童年的生涯，他只感叹了一句："即使你干的是一件令人恶心的活儿，只要你认真干下去，而且尽量干好，你十有八九会得到提升，也就不用干那样的活儿了，这比无所作为地混下去强得多。"

是什么可以让我们战胜人性的懒惰和自私，超越一己得失，把自己的工作做到完美？答案是：内心的使命感。当你相信生而为人就应该完成在人世间的使命，你就会在做好自己手中事情的同时，不断汲取力量，向着更高的目标迈进，永远不放弃。

在我们短暂的人生中，一味地计较、抱怨是没有任何用处的。全力以赴做好工作中的每一件事，你才能获得巨大的成就。

脚踏实地地做好每一件事

对待工作要有一种踏实的精神、一种严肃的态度，认真负责，任劳任怨，精益求精，在工作中寻找到乐趣，通过工作实现自我价值。没有踏实苦干的精神，成功就无从谈起。

拥有一份工作，意味着拥有一个机会，同时意味着多了一份责任，当你将责任与工作紧密联系起来，才能创造出巨大的成功。任何成功者在被鲜花簇拥和掌声鼓舞前，无不经历过万千磨难，无不付出千百倍的心血。

无论取得什么样的成就，无论是领导还是普通职员，工作必须要脚踏实地，否则，一切理想都是空谈。人们从来不缺乏远大的理想，但是并不是每个人都能踏实对待工作。如果不能扎扎实实地打好基础，就永远无法建造理想的"高楼"。

每个人的能力不一样，面对工作的态度也不一样，有的人具备踏实的品质和苦干的精神，经过多年的积淀，他们逐渐迈向成功；反之，有的人觉得自己才华横溢，面对自己的工作却不努力，总是"这山望着那山高"，频繁地跳槽，最终就没有任何长进，更没有取得任何成就。

有句名言说："最终能上金字塔顶端的，一是雄鹰，二是蜗牛。"踏实是一种不显山露水的执着，是一种不畏惧风雨的坚忍。无论你是不是天赋异禀，都不能丢掉踏实的精神，因为唯有脚踏实地，才可能取得成功。

坚持学习，不断提高自己

在当今这个注重效率的时代，时间就是金钱，效率就是生命。所以，要想成为优秀员工，就要通过不断的学习来提高自己的工作效率。

要想提高工作效率，可以从多个方面入手，首先要提高自己的专业知识技能。有专业知识的专家总是比普通人更能够发现生活中的问题，而且能够利用自己的专业知识找到解决问题的方法。对于员工来说也一样，掌握更多的专业知识技能，能够让工作变得更加得心应手。所以，你要争取更多的培训机会，不断学习新知识，并通过工作来提高自己解决实际问题的能力。

俗话说："磨刀不误砍柴工。"平常积累的经验和知识，看似用处不大，当变化发生时，别人可能会手足无措，而那些平常善于学习的人则能坦然应对。

企业中，尤其是世界知名的企业中，几乎每一个员工都是经过精挑细选，企业中的每一个人都很优秀。一粒黄金放在沙子里很容易被人发现，可是如果人人都是"黄金"，那么，如何才能在这样的环境里凸显自己呢？

答案很简单，大家都站在同一高度，要想使自己比别人突出，唯一的途径就是垫高自己——也就是通过不断的学习来丰富自己。只有这样，才能在情况发生变化的时候胜人一筹。

李磊和何平同时被一家机械公司聘用为程序员。李磊毕业于一所著名大学的电子专业，他才华横溢，设计的程序简洁明了，而且漏洞非常少，一开始就赢得了公司主管的青睐。而何平却是靠自学成才的，他甚至连一个像样的文凭都没有。有人私下里造谣说，何平之所以能够被录取，是因为有"后台"的缘故。

为此，李磊总是瞧不起何平，他甚至说："和这样的人在一起工作，简直是我的耻辱。"平常的工作对李磊来说很轻松，所以，他将大量的时间用于交际、玩乐，而何平却只能靠加班加点才能勉强完成工作任务。

就这样过了两年多后，何平却被一步步提升为设计部的主管。对此，李磊愤愤不平地找上级领导抱怨："只要高层有亲戚就可以顺利提升吗？难道公司从不考虑我们的工作能力吗？"

上司给李磊拿来了几份何平设计的程序，李磊看后大吃一惊，何平设计的程序和他当年的相比，竟然有了非常大的进步！简直可以用完美无缺来形容。原来，在李磊得意于自己才能的同时，何平却在不断地努力学习，而此时，何平设计出来的程序已经比李磊的优秀得多了！又过了几年，何平成为省级公司的高级主管、高级程序设计师。而李磊依然是一个普通的程序员。

学习不是一天两天或者某一个阶段的事情，而应该是贯穿于整个生命的事情！美国微软公司在录用员工的时候，往往很注重员工的综合能力，新员工刚入公司，首先被告知的就是：在微软，文凭唯一能代表的就是你前三个月的基本工资。

众所周知，学习能增长我们的智慧。在技术快速发展的今天，你赖以生存的知识、技能会随着岁月的流逝而不断地折旧，就像大海的波浪一样，不管前浪多么汹涌澎湃，马上就会被随之而来的后浪所淹没。在风云变幻的职场中，脚步迟缓、不愿继续汲取知识的人，瞬间就会被甩到后面。除非你与时俱进，不断地学习和提高自身的工作技能，否则，你就会跟不上职场的变化。

说到底，学习能力就是一种工作能力。一个不善于学习的人，一个不知道自己该学习什么的人，往往工作能力也很差。

工作总是超越领导的期望

在工作中，如果你完成的每一项工作都达到了老板的要求，那么，你可以称得上是一名称职的员工，你不会失业，或许还可以得到晋升，但你却无法给领导留下更深刻的印象，也无法成为领导重点培养的对象，也永远无法在公司中达到你事业的顶点。

只有超过了领导对你的期望，你才能让他的眼睛一亮，才能让他在遇到一些高难度工作的时候想起你，给你展示的机会，给你晋升的机会。

一家公司的领导要到美国办事，且要在一个国际性的商务会议上发表演说。他身边的几名主管忙得头晕眼花，A负责演讲稿的草拟，B负责拟订一份与美国公司的谈判方案，还有其他人负责后勤工作。

在领导出国的那天早晨，各部门主管也来送行，有人问A："你负责的文件打印了没有？"

A睡眼惺忪地说道："这几天太累了，每晚只有4个小时的睡眠时间。昨晚我熬不住睡了，反正我负责的文件是以英文撰写的，领导看不懂英文，在飞机上不可能用到。待他们下飞机后，我再把文件整理好，给传过去就可以了。"

谁知，领导刚到，第一件事就问A："你负责准备的讲稿呢？"A按他的想法回答了领导。领导闻言，脸色大变："怎么会这样？我已计划利用在飞机上的时间，与同行的外籍顾问研究一下其中的数据，别白白浪费坐飞机的时间呢！"

到了美国后，领导与大家一同讨论了B的谈判方案，整个方案既全面又有针对性，既包括了对方的背景调查，也包括了谈判中可能发生的问题和应对策略，还包括如何选择谈判地点等很多问题。B的这份方案大大超出了领导对他的期望，大家一致认为这是一份完美的方案。后来的谈判虽然艰苦，但因为对各项问题都有细致的准备，所以，公司最终赢得了谈判。

出差结束，领导回到国内后，B得到了重用，而A却受到了降职的惩处，并从此受到领导的冷落。

作为一名优秀的员工，任何时候都要超过上司的期望，提前准确地把事情做好。真正优秀的人总比常人多走一步路，及格是远远不够的。

第九章
做充满正能量的员工

那些能够做大做强且持续发展的企业，无一不是通过弘扬正能量的文化来引导企业行为。因为只有拥有强大正能量的企业，才能把企业价值观渗透到企业经营管理的各个方面，进而提高企业的整体素质、管理水平和经济效益。

埋怨不解决任何问题

美国权威心理学家威廉·詹姆斯曾下过这样的结论："我们这个时代最伟大的发现是：人类可能凭着改变自己的态度，进而改变自己的人生！"

如果你拥有积极的态度，那么，你的思想就会转化成你迈向成功的能量和动力；如果你的思维是负面的、态度是消极的，那么，你就会在沮丧与抱怨之中，把你所有的想法、念头都变成了影响你成功的阻力。

抱怨就像一种慢性腐蚀剂。经常抱怨的人会变得消极，既影响自己的心情，也影响人际关系，更阻碍自己的事业发展。

一个喜欢抱怨的人，也必定是一个缺乏责任心的人、喜欢找借口的人。抱怨如同职场中一位可怕的隐形"杀手"，它让很多人失去了进步的动力。

职场中的第一规则是：有能力走遍天下，无能力寸步难行。所以，对每个职场人来说，能决定自己将来的，不是在什么样的公司上班，也不是公司的环境是否舒服，更不是老板或上司的脾气、禀性，而是你自己的能力。所以，尽快停止抱怨，迅速提升个人能力，拿出令人信服的业绩来！

不管有多少理由，抱怨绝不能改变一个人的命运，真正能改变一个人命运的做法就是：停止抱怨，努力工作！如果把抱怨变成善意的沟通，如果把抱怨变成积极的建议，如果把抱怨变成正面的行动，你就会发现，成功离你越来越近！

黄鹂什么都好，就是有一个毛病：爱抱怨。这天，黄鹂又一次觉得心里烦闷得不行。当然，黄鹂不敢在办公室里当着同事的面抱怨，因为她害怕被上司听到。于是，黄鹂悄悄打开自己的网络聊天工具，对网友们倾诉自己的"不幸遭遇"。

今天，黄鹂最痛苦的事情就是："怎么什么事情都要我来干？！"值夜班的人请病假了，上司要她代替那个人值班；一个"难缠"的推销员又来了，要她去回绝；一位客户气势汹汹地来提意见，要她去接待。

"他们解决不了的问题，都要我来办。为什么倒霉的总是我？！"黄鹂愤愤不平地说。

很多网友都开始"支持"她，由于黄鹂开了这个头，大家都开始抱怨各自在公司中的"不幸遭遇"。只有一位网友劝慰道："嘿，想开点儿！能者多劳嘛！这说明你有本事，领导重视你，你干得多，获得提升的机会也就多啊！"

可这番话并没有化解黄鹂心里的"疙瘩"，黄鹂依然抱怨道："他们让我干的，都是些吃力不讨好的小事。你们不知道，在我们那个公司，只有会拍马屁的人才有加薪的机会。总之，我真是倒霉透了！"

就这样，黄鹂工作得很不愉快。黄鹂每天都抱怨，她甚至觉得，自己就是靠每天这样"发泄"几次，才能"支撑"自己坚持做完每天的工作。可每次"发泄"完了，该干的活还得干，该面对的那些"烦人"的工作还是得面对，自己的情绪却丝毫不见好转。

一个月后，黄鹂就被公司辞退了。算上这一次失业，黄鹂在两年内已经五次失业了。

假如，你处在黄鹂的位置上，你该如何面对这一切呢？你会不会像她那样没完没了地抱怨呢？其实，我们首先要明白这样一个事实：工作，毕竟不是度假。如果工作不辛苦、不麻烦，那就不是"工作"了。

我们想通过工作获得收入、获得自信、获得成功、获得人生的幸福感，我们就不可避免要付出一些代价，比如付出一定的辛劳、完成种种琐碎繁杂的具体事务、面对难题时的无助以及面对不可避免的挫折。

强者往往把这些"艰辛"看成是一种乐趣，在克服困难的过程中享受着工作的乐趣和成就感。他们已经把"抱怨"从大脑中剔除了，因为他们知道，抱怨没有丝毫用处，抱怨完了，该你做的事情还是得做，该你解决的问题还是得一步步地解决。

健康的减压方式有很多种，比如向亲朋好友求助、参与体育锻炼，或是试着通过"移情设想"，从旁人的角度来看待自己面临的难题。

步维是一家公司的人力资源经理，他化解压力的办法就是每隔几个月"请假一天"，公司里仅有几个好友知道步维的"秘密"。其实，每次请假，步维都是坐上几个小时的火车，来到邻省的一个小镇上，吃一顿他最喜欢的民间小吃。然后，步维会悠闲地坐在田埂上，看天上的白云飘来飘去。

"那一刻，我会忘掉工作中所有的烦恼，甚至忘了自己是个职场中人，还以为自己是田间的一个农夫呢。"步维总是这样对朋友说。步维会在当天傍晚登上回程的火车，到家已经十点多了。步维什么都不想，倒头在床上睡一大觉。第二天，步维会觉得自己像被"格式化"了一样，全身充满力量，头脑里充满创意，困扰自己多日的工作问题往往也可以迎刃而解。

步维的确是找到了一种缓解压力的好办法，可很多人动不动就发泄自己的不满情绪，抱怨这个，责骂那个，这显然不是一种健康的减压方式。

不仅如此，没完没了地发泄，时间长了，人还会养成一种动辄责怪别人的习惯，总觉得别人都对不起自己。比如，在他们眼里，老板总是克扣自己应得的工资，上司总是无视自己的才能，同事总是抢自己的功劳，客户总是故意给自己出难题。

君浩本来是个很有才华的人，他中年"下海"，来到一家民营广告公司工作。老板很欣赏君浩的创意和文采，给他一个高管的职位。当时，朋友们都为君浩高兴，觉得君浩可以大展宏图了。可几个月之后，不论谁见到君浩，都听见他在抱怨，抱怨老板素质太低、同事心眼太小之类。其实，这几个月来，已经有好几项由君浩创意设计的广告作品在媒体上刊登。按理说，君浩的事业是很成功的，可君浩总是受不了一些小小的不如意，整天牢骚满腹。

后来，君浩又跳槽去了另一家公司，薪水也猛涨了一倍。可没多久，君浩又愤愤不平起来，说公司里有几个老板的亲戚不但"吃闲饭"，还总坏别人的事。时间不长，君浩又辞职了。后来，君浩几年内换了好几次工作，每次他都会抱怨：不是老板太抠，就是环境太差；不是同事不配合，就是客户太老土。

就这样，君浩的名声和人缘都江河日下。到后来，这个行业里稍微好一点儿的公司都不愿意雇用他。君浩曾想自己创业，但一来缺少资金，二来也没人帮他，最后迫不得已，君浩只好忍气吞声在一个小公司里拿着一份微薄的薪水，混一口饭吃。

当然，君浩仍然没有改掉爱抱怨的习惯，他总觉得命运对自己太不公平。可君浩不知道，正是他那种动不动就发泄情绪的习惯，让他失去了很多机会。

其实，喜欢抱怨的人，多半有"吹毛求疵"的心态，他们最擅长"宽于待己，严于律人"。他们总是看不惯别人的行为，而从来不检讨自己的问题。他们只是不停地抱怨，而从不积极地采取行动解决问题，这样的人很难在事业上取得成就。

满腹牢骚只能让梦想成为空想

在现实生活当中，如果遭遇挫折与不公正的待遇，此时，绝大多数人都会产生不满的情绪，当不满的情绪发展到一定程度，人们便会满腹牢骚，渴望引起周围人的同情。

而在职场中，工作需要的是实干精神，抱怨是无济于事的。所以，当你想抱怨的时候，记得控制自己，把全部的热情投入到工作中去。我们知道，世界上没有十全十美的工作，与其抱怨，不如改变自己的心态。

无论走到哪里，随处可见才华横溢而无法找到如意工作的人。当你跟这些人交流的时候，你会惊奇地发现，这类人心中总是充满抱怨，有的抱怨环境条件差，有的抱怨领导有眼无珠。总之，他们都有种"怀才不遇"的心理。

一味满腹牢骚，会使自己丧失责任感与使命感，从而使得自己的职场道路变得越来越窄，无法取得更好的发展。

迈克供职于一家汽车修理厂，因为他不喜欢修理工的工作，自从入职的第一天起，他就喋喋不休地抱怨："修理工的活实在太脏了。""真累呀，太讨厌这份工作了。"他总是能找到无数证明工作不好的理由。每天的工作时间，他都在抱怨与愤懑的情绪中度过，他觉得自己备受煎熬，面对大堆的修理任务，他根本没心思去完成，本来可以从老师傅那里学到很多技术，但他不愿意学习，每天浑浑噩噩地度过。

一晃数年过去了，当年和迈克一块入职的人，他们都学到了精湛的手艺，有的人另谋高就了，而有的被企业送到大学进修去了，唯独迈克没有任何长进。迫于生计，他不得不一直从事自己最反感的修理工作。

在现实工作当中，不少人受过很好的教育，有着令人羡慕的才华，但由于对工作抱怨不止，他们无法取得成功。领导每天交代的任务，只要领导不追问，往往十有八九会不了了之；某些事情，倘若上级不跟踪落实，便无法获得令人满意的反馈；不少员工在面对布置的工作时，通常只会睁大眼睛，满脸狐疑地反问领导："这怎么做呀？""这事谁知道呀？"他们从不积极主动地去承担责任、解决问题。

实际上，当受雇于某个企业时，我们就应该对自己的工作竭尽全力，即便不是自己的工作，能帮忙的我们也应该可以伸出援手，积极融入到企业环境中，这样才可能有更好的发展。

倘若想改变不被领导赏识的窘境，获得提升的机会，就必须抛弃抱怨的心态，认真做好每一件事情。不抱怨包括不抱怨自己的工作，不抱怨工作环境，不抱怨身边的同事等。想要停止抱怨的心，必须要认真体会每项工作的本质。也许从表面看，有的工作会索然无味，但当你深入其中时，你可能会发现它有着不同凡响的意义。

　　总之，不抱怨，你才能体会到快乐；不抱怨，你才能体会到工作的乐趣，成为最优秀的员工。

不找借口，只找方法

凡事找借口的员工，一定是单位最不受欢迎的员工。凡事主动找方法的员工，一定是单位最受欢迎的金牌员工！毫无疑问，不找借口找方法，是优秀员工的工作态度！

多年前，美国兴起石油开采热。一个雄心勃勃的小伙子来到采油区，找到了一份在油田进行罐油浇灌的工作。但这份工作实在是太枯燥了，他觉得在这里不能发挥自己的能力，于是，他找到主管要求换工作。主管却冷冷地说：“你要么好好干，要么另谋出路。”

他愤怒极了，真想立即辞职不干了，但考虑到一时半会也找不到更好的工作，他只好忍气吞声又回到了原来的工作岗位。

回到油罐车旁，他突然有了一个感觉：我不是有创造力吗？那么为何不能就在这平凡的岗位上做起来呢？于是，他对油罐车进行了仔细研究，发现每次浇灌都会滴下39滴油，而实际上只需要38滴就够了。经过反复的试验后，他发明了“38型油罐车”，并将这发明推荐给了公司。

可别小看这1滴油，它给公司节省了成千上万的成本！这位年轻人叫洛克菲勒，他是美国最有名的石油大王。

主动找方法解决问题的人，总是社会的稀有资源。不管是过去还是现在，不管是国内还是国外，只要有这样的人出现，他们就能够像明星一样闪耀。哪怕他们没有刻意去追求机会，机会也会主动找上门来。

问一问自己：是否解决了一个或几个棘手的问题，给别人留下了深刻的印象，让他们心花怒放？是否做了几件业绩突出的事情，让你的领导和其他人十分欣赏？假如你还没有，赶快补课吧。因为尽管你渴求成功，可你还在成功门外徘徊。假如你通过行动做了一件乃至几件让人佩服的事，你就会迎来发展的机会！

所以，面对问题和困难的时候，我们永远不要先说难，而要先问一问自己：我是否已经尽了最大努力？难，是我们拒绝努力的第一理由。但是，问题真的是那么难解决吗？

汽车大王亨利·福特被誉为"把美国带到轮子上的人"。一次，他想制造一种V8型的发动机。当他把这个想法跟工程师交流时，工程师们都认为只能在图纸上设计，但绝对不可能在现实中制造出来。尽管如此，福特仍然坚持说："想办法制造出来。"

工程师们很不情愿地开始了尝试，几个月后，他们给福特的回答是："我们无能为力。"但福特还是说："继续尝试！"一年多过去了，还是没有结果，所有的工程师都觉得无论如何都该放弃了。但福特仍然坚持"必须做出来"。就在这时，有一位工程师突发灵感，竟然找到了解决办法，福特终于制造出了"绝不可能"成功的V8型发动机。

为何工程师们认为"绝不可能"的问题，最后还是在福特的"逼迫"之下解决了呢？关键的一点，就是先把"不可能"的想法放在一边，而只想"我自己是否完全尽力、是否想尽了一切办法"。

如果将心灵的焦点对准"难"，头脑就会加速运转，找出千万个理由，说明这个问题真的很"难"，人就很容易屈服。因为畏惧使人无法真正冷静地面对问题，从而导致行动的失败。

但是，假如你不问问题难不难，只问自己是否尽了最大的努力，你就会轻装上路，尽力挖掘自己的潜能，反倒容易将问题解决。逼一逼自己，你会发现自己有巨大的能量，你可以创造出难以想象的奇迹！

为什么不竭尽全力呢？不要给自己的人生设限，被设限的人是很难取得成功的。

24岁的海军军官卡特应召去见海曼·李科弗将军。在谈话中，将军让卡特挑选任何他愿意谈论的话题。然后，将军再就这个话题问卡特一些问题，结果将军总是将卡特问得直冒冷汗。

卡特终于明白：自己自认为懂得了很多东西，而实际上懂得的自己还远远不够。结束谈话时，将军问卡特在海军学校的学习成绩怎样，卡特立即自豪地说："将军，在820人的班中，我名列59名。"

将军皱了皱眉头，问："为什么你不是第一名呢？你竭尽全力了吗？"此话如当头棒喝，让卡特震惊。此后，卡特事事竭尽全力，后来成了美国总统。

竭尽全力，就是不给自己任何偷懒和敷衍的借口，让自己经受生活最大的考验。竭尽全力，就是要你把意识的焦点对准如何解决问题，减轻解决问题的焦灼感，集中精力去创造生命的奇迹。

把自己从"我已尽力"的假象中解放出来。人之所以无法"竭尽全力"，往往来自于"我已尽力"的假象——我已经做到最好了，再也无法往前走一步了。其实，这不过是我们不愿意接受挑战的借口。

稻盛和夫被日本经济界誉为"经营之圣"。他所创办的京都陶瓷公司是日本最著名的高科技公司之一。公司刚创办不久，就接到著名的松下电子的显像管零件U型绝缘体的订单。这笔订单对于京都陶瓷公司的意义非同一般。但是，与松下做生意绝非易事，商界对松下电子公司甚至有这样的评价："松下电子会把你尾巴上的毛拔光。"

对待京都陶瓷这样的新公司，松下电子虽然看中其产品质量，给了他们供货的机会，但在价钱上却一点儿都不含糊，且年年都要求降价。对此，京都陶瓷公司的一些人很灰心，因为他们认为：我们已经尽力了，再也没有潜力可挖。再这样做下去的话，根本无利可图，不如干脆放弃算了。

但是，稻盛和夫认为：松下出的难题，确实很难解决，但是，屈服于难，也许是给自己未足够努力找借口。于是，经过再三摸索，公司创立了一种名叫"变形虫经营"的管理方式。具体做法是将公司分为一个个"变形虫"小组，将小组作为最基层的独立核算单位，将降低成本的责任落实到每个人。即使是一个负责打包的老太太，也知道用于打包的绳子原价是多少，明白浪费一根绳会造成多大的损失。这样一来，公司的营运成本大大降低，即便是在满足松下电子的苛刻条件下，利润也甚为壮观。

有些问题的确非常棘手，人们想了许多办法，仍无法解决。于是有人便认为"已是极限"，再去努力也是白搭。其实，当你真正经过一番努力，就会知道所谓"难"，其实只是你自己的"心灵桎梏"。努力不够，你当然不知道自己的潜能到底有多大。从"我已尽力"的假象中把自己解放出来吧！再努一把力，你会发现你还有许多没有开发出的潜能！

关键时刻要有大局意识

如果你想超越自己目前的成就，就不能仅仅满足于现状，而要勇于接受挑战。对畏畏缩缩的人来说，真正的问题正在于不敢冒险！人只有不断挑战和突破，才能逐渐成长。

长期固守于已有的安全感中，就会像温水里的青蛙一样，最终失去跳跃的本能。在关键时刻，要敢于站出来。领导者是人不是神，做决策有时也难免会出现失误。此时，共事的下属应该适时大胆地出来为领导做解释与协调工作，关键时刻顾全大局，为公司利益着想，而不是因为领导犯错而幸灾乐祸。

张作霖有一次给日本"友人"题词，由于笔误，他把"张作霖手墨"的"墨"字写成了黑，有人说："大帅，缺个土。"

正当张作霖一脸窘相时，另一个人却大喝一声："混蛋，你懂什么！这叫'寸土不让'！大帅能轻而易举地将'土'拱手送给别人吗？"就这么一句话，便保住了张作霖的面子，后来，这个人成了张作霖的得力助手。

在一个团队里面，领导始终位于金字塔的塔尖，领导的威望是不言而喻的。任何一个成熟的职场人士都不会愚蠢到引起顶头上司的不悦，也会尽量避免让领导尴尬。但有时候，你会发现领导突然对你很冷淡，因为你无意间的一句话或一个动作让领导在众人面前丢了面子。在这种情况下，聪明的下属在领导面前会将错误归于自己，而不会把领导推向火坑。这样，你才会在人群中脱颖而出，而且，你还会得到上司的青睐。

不仅在上司面前是如此，在同事面前，你也要勇于在关键时刻站出来，拉别人一把，这样，别人一定会在你身处窘处时也挺身而出，这样做有利于同事之间的团结。

公司部门经理唐研由于办事不力，受到公司总经理的指责，整个部门的奖金也被扣了。这样一来，大家都很有怨气，认为唐研办事不当，自己造成的损失却要由大家来承担，一时间部门里怨气冲天，搞得唐研的处境非常困难。这时候，秘书吴立兵站出来对大家说："其实唐研在受到批评的时候还为大家争取，要求总经理只处分他自己，而不要扣大家的奖金。"

听到这些，大家对唐研的气消了一些。吴立兵接着说："唐研从总经理那里回来时很难过，表示下个月一定想办法补回奖金，把大家的损失通过别的方法弥补回来。其实这次失误除了唐研的责任外，大家也有责任。请大家体谅唐研的处境，齐心协力把公司的业务搞好。"

吴立兵的调解工作获得了很大的成功。按说这并不是秘书职责之内的事，但吴立兵的做法却使唐研如释重负，心情豁然开朗。接着，唐研又提出了自己的方案，进一步激发了大家的工作热情。吴立兵在这个过程中的作用是不小的，唐研当然对他是另眼相看。

在工作中，当你得到同事们的信任的时候，老板就知道你是个当领导的好苗子了。虽然有人说领导源自天生，非后天所能培养，但我们依然要相信领导能力是每个人都可以学习掌握的。而要学习到这种领导能力，首先就要有积极的想要当领导者的欲望。所谓"不想当将军的士兵不是好士兵"，只有你处处都想着要当领导，而且一有机会就能主动请缨，展示自己的能力和才华，这样才能给自己锻炼的机会，也能在展示自己的同时，让老板对你刮目相看。

俞之昕是在一家电视台工作的初级广告销售代表。作为一名刚进入此行的年轻人，在竞争如此惨烈的情况下，俞之昕明白自己必须比其他同事更加努力工作才能获得成功。不久，俞之昕看到了一个机会——台里需要有人来负责销售政治类广告，俞之昕发现自己在大学实习期间所做的工作对此会很有帮助，于是，俞之昕主动请缨接下了这个烫手山芋。

要知道，台里几乎没有什么人是完全能胜任这个职位的领导工作的，当然俞之昕也不例外。俞之昕刚接手时心里也有点发虚，但他却看到了这个领导岗位的空缺，并明白自己接手的话，可以提高自己在这方面的技能，并能在此领域脱颖而出。如今，俞之昕不仅变成负责高端商业客户的高级销售经理，而且还成了老板眼中的大红人。

在职场中，有机会你就应主动请缨，不要怕向领导"要权"，只要是为工作着想，从单位整体利益出发，领导是乐于"放权"给你的。这时，表现你的舞台已经搭好，你就可尽情地施展你的才华。

主动去做老板没有交给你的事情，并把这些事做好，你就能提升自己在老板心目中的位置。积极主动，不要做一个墨守成规的员工，不要害怕犯错。

在现代职场，懂得积极主动工作的员工将备受青睐。在工作中，只要认定那是要做的事，哪怕看上去是"不可能完成"的任务，都要敢于接受挑战，立刻采取行动，而不必等老板分配任务。

勇于向"不可能完成"的工作挑战的精神，是获得成功的基础。职场之中，很多人虽然颇有才学，具备种种能力，但对不时出现的那些异常困难的工作，不敢主动发起"进攻"。不要为自己没有得到什么而气馁，要相信厚积薄发，并且敢于尝试。上帝如果给了你一手烂牌，你也要加油打好这一局。

少说多做，用成绩照亮梦想

在实际工作中，我们有时会碰到喜欢夸夸其谈的人，他们有着无限的想象力，能提出很多看似美好的主意，但最后可能什么事情都没有结果；相反，有的人默默工作，却取得惊人的成绩。我们应该选择学习后者，做一个实干家，少说多做。

很多人都有一个通病，就是每天畅想着自己能成为一个杰出的人，但没有采取任何行动，成为典型的"思想上的巨人、行动上的矮子"。如果你想要做一名实干者，那就得赶紧行动起来，不要因为夸夸其谈而浪费了大好时光。

在职场上，如果你想在自己的行业做出成绩，成为一名优秀的员工，一定要脚踏实地、稳扎稳打。

马陆曾经是一名速记员，后来，他从一个小职员变成了厂长。他之所以在事业上取得成就，完全是因为他具有实干的精神。他不仅能出色地完成本职工作，而且能分担分外的工作。

马陆做速记员时，他的上司十分懒惰，什么事情都让下属去做，自己却悠闲地坐在办公室喝咖啡。因为马陆工作踏实，只要安排的事情都能完成，因此，上司觉得他是个可以随时召唤的员工，把很多任务都交给他处理。

有一次，厂长把一项编写密码电报的任务交给马陆的上司，而上司把任务交给了马陆，正是这个工作充分展示了马陆的才华。在编写电报时，马陆并没有像其他同事那样随意写在几张纸上就可以了，而是将其编写成一本薄薄的书，用打字机将内容清晰地打印出来，最后用胶布装订好。做完以后，马陆将自己完成的电报上交给上司，上司再将其上交给厂长。厂长看后，惊奇地说："伙计，这不是你完成的吧？"

上司知道遮掩不住了，只好说了实话。就这样，厂长便提拔了马陆。

在这个竞争日趋激烈的社会，企业必须以效益优先，一个不能为企业创造价值的员工，肯定无法获得重用。只有那些踏实做事的员工，才能在职场中不断成长，最后实现理想。总之，一分耕耘，一分收获，有付出才会有收获，少空谈，多做事。

不规矩，无以成方圆

要使大家能够具有统一的行为，领导者首先需要做的工作就是"建章立制"，确定游戏规则。很多时候，对一个团队来说，"不能干什么"比"能干什么"更重要。

河北省石家庄供电公司开展了一个"零违章员工"的评选活动。在活动中，公司根据河北省电力公司、石家庄供电公司及所在车间、班组四级现场检查结果，向在现场未发生三级及以上违章的员工，发放"零违章员工"胸针和安全帽即时贴，以供员工现场工作时佩戴。同时，公司实行动态评价，"零违章员工"若在年内发生违章，胸针和即时贴将被收回。依此类推，还对没有违章员工的班组发放"零违章班组"门牌，年终按照《零违章车间评价标准》对全年分值达到950分及以上的车间授予"零违章车间"称号。

"'零违章员工'标贴是对我们工作的肯定，同时也是一种鞭策，能让我们以后不但要保证自己不违章，还要监督同事们不违章！"供电公司员工说。

那么，对于企业的员工来说，如何成为一个纪律严明的团队中的一员呢？

1. 要遵守公司的制度

作为一名员工，应该时时事事遵守公司的规章制度。公司制度是企业的规范准则，是确保企业有效健康运行的法则，如果法则遭到破坏，就会扰乱公司的正常秩序，企业的健康发展就会受到影响。员工严格遵守公司制度，有利于公司的正常运行。

任何企业的各项规章制度都不能成为摆设，公司要以有效的手段保证其得以贯彻落实，一旦发现有人违规犯戒，就要做出惩处，绝不姑息。作为企业的一名员工，有责任遵守公司的规定。

2. 要准时、守时

办事准时、守时是获得别人信任的重要基础。做生意、谈交易最讲究时效，所以，你千万不要觉得上班或办事迟到几分钟无所谓。守时也是一个人最基本的责任。要知道，一个人不守时，就相当于在浪费其他人的生命。

3. 遵守行为规范

当我们了解了公司的纪律之后，作为一个优秀的员工，就绝不能忽略它的存在。

（1）努力工作。公司是工作的地方，你的任务就是努力完成工作，公司聘用你是为了让你工作，而不是来听你的抱怨。你在任何时候都应努力工作，把自己的本职工作做好，在工作中获取经验、积累经验，这才是最重要的。

（2）坚持原则。工作中，如果你发现其他人可能会对公司或行业造成危害或损失时，你一定要勇敢地站出来指正。

（3）不传播谣言。谣言的杀伤力很强，如果你有事没事就在办公室竖起耳朵四处巡查，然后再把你所听到的任意发挥传播出去，花边新闻迟早会传到当事人的耳中，不仅影响人际关系，还会影响人们的工作情绪。

（4）要有集体意识。一个人的力量是微不足道的，众人的力量才能形成坚不可摧的堡垒。公司是一个集体，它需要全体员工团结一致、默契配合、共同协作。

一个团结协作、富有战斗力和进取心的团队，必定是一个有纪律的团队。同样，一个积极主动、忠诚敬业的员工，也必定是一个具有强烈纪律观念的员工。对企业而言，没有纪律，便没有了一切。

克服拖延症

想要在职场中获得好的发展，需要有十足的干劲，事事能快人一步。在实际生活中，做事拖拉、懒散的员工不在少数。做事拖拉的人总无法及时完成工作，从而影响自身的发展。

根据调查数据显示，职场中有54％的人，不论大事小情，都可能会拖延；有35％的人会在日常生活琐事上拖延；有24％的人会在某些小事上拖延；有10％的人会在重大事务中拖延。

职场中有几种类型的人会出现拖延工作的情况：

第一，得过且过型。这类人往往不把工作当回事，工作缺乏热情，每天工作仅仅为获得薪水，缺乏远大的理想。

第二，过分自信型。有的员工过于相信自己的能力，喜欢在最后时刻挑战自己的极限，因此，没到规定的时间就不动手，结果由于其他因素影响工作效率，最后无法及时完成工作。

第三，欠缺自信型。万事开头难，工作也是如此。不少员工缺少自信，认为自己无法做好工作，因而产生一种逃避的心理。

第四，追求完美型。工作不但需要保证质量，而且还需要提高效率，不能顾此失彼。很多员工希望尽心尽力做到最好，也进行了细致的筹划，但是迟迟无法开始工作，从而出现拖延现象。

要摆脱平庸的生活，成为一个优秀的职场人士，我们必须时刻都有紧迫感。采用正确的方式方法工作，提高工作效率，凡事都不要拖延。一定要避免拖延，如果发现自己有这种不良的习惯，要及时调整心态，积极投入到工作中去。解决拖延的办法就是立刻行动。